행복은 현재와 관련되어 있다.
목적지에 닿아야 행복해지는 것이 아니라
여행하는 과정에서 행복을 느끼기 때문이다.

– 앤드류 매튜스

성공하려는 본인의 의지가 다른 어떤 것보다 중요하다.

– 아브라함 링컨

이 책을 _____ 님에게 드립니다.

행복하면서 성공하라

초판 1쇄 발행 2017년 9월 25일

지 은 이   안정기
발 행 인   권선복
편   집   심현우
디 자 인   서보미
전 자 책   천훈민
발 행 처   도서출판 행복에너지
출판등록   제315-2011-000035호
주   소   (07679) 서울특별시 강서구 화곡로 232
전   화   0505-613-6133
팩   스   0303-0799-1560
홈페이지   www.happybook.or.kr
이 메 일   ksbdata@daum.net

값 15,000원
ISBN 979-11-5602-526-9   (03190)

도서출판 행복에너지는 독자 여러분의 아이디어와 원고 투고를 기다립니다. 책으로 만들기를 원하는 콘텐츠가 있으신 분은 이메일이나 홈페이지를 통해 간단한 기획서와 기획의도, 연락처 등을 보내주십시오. 행복에너지의 문은 언제나 활짝 열려 있습니다.

떨어질 수 없는 행복과 성공, 우리 삶의 참된 성공은 무엇인가

행복하면서
성공하라

안정기 지음

도서
출판 행복에너지

행복하면서 성공하라

우리는 성공하고 싶기 때문에 공부를 하고, 열심히 일을 한다. 그러나 모두가 성공할 수 있는 것은 아니다. 누군가는 돈을 많이 벌고도 우울하고 누군가는 돈이 별로 없어도 행복해한다. 성공한 삶이란 과연 무엇일까?

사람의 궁극적인 가치는 돈, 지위, 권력과 같은 외부 수단이 아니라 내면의 행복이다. 돈과 지위는 그 자체로 가치가 있는 것이 아니라 무언가를 하기 위한 수단에 불과하다. 돈과 지위를 추구하는 모습이 바람직할 때는 그런 생각이 스스로를 긍정적으로 발전시키는 원동력이 될 때뿐이다. 그러므로 성공의 궁극적인 결과는 행복의 쟁취이다.

우리는 성공하기 위해서 목표를 세우고, 그 목표를 달성하기 위해 집중한다. 그런 목표가 있는 사람이 그렇지 않은 사람보다 성공할 가능성이 높다는 것은 일반적인 사실이다. 결국 성공의 일정 부분은 노력하기에 좌우된다는 말이기도 하다.

성공학의 대가 브라이언 트레이시는 '위대한 성공은 아무도 거들떠보지 않는 작은 노력이 수천 번 쌓여 이루어진 것이다. 지름길이나 쉬운 길은 없다'라고 말했다. 이런 말처럼 인생에 100% 대박은 없다. 쉽고 빠른 지름길보다는 정도로 가고 작은 것부터 꾸준히 노력하는 것이 인생을 성공으로 이끄는 방법이다.

이 책에서 제안하고 있는 것들이 쉽게 삶에 적용되지 않을 수도 있다. 말로는 뚜렷하고 분명하지만 그것을 실생활에 적용하기에는 많은 어려움이 나타날 수 있다.

따라서 이 책을 읽을 때에는 단순한 지식만을 얻으려고 하기보다는 새로운 행동과 습관을 기르고자 하는 태도를 취하는 것이 바람직하다. 그것이 이 책을 쓴 목적이다. 그러기 위해서는 많은 시간과 인내가 필요하다.

성공과 행복은 지식과 내용이 방대해 한 권의 책에 전부 담기에 어려움이 있다. 그래서 필자가 34년 동안 공무원생활을 하면서 지금까지 느꼈던 성공의 정의와 성공하는 사람들의 특징과 습관, 행복의 기준, 행복해지는 방법, 인생을 즐기는 법 등을 깊게 연구하고 기술하고자 한다.

 이 책은 총 5장의 대주제로 구분하고 각 장당 20여 개의 작은 소주제로 나누어 이해하기 쉽게 자세히 설명하였다.

 1장에서는 성공의 정의와 기준은 무엇이며, 성공한 삶을 살기 위한 기본요소에 대하여 설명하였다.

 2장에서는 성공하는 사람들의 특징 및 습관 등을 다루었으며, 3장에서는 행복편으로 행복의 정의와 기준 등을 다루는 것으로 구성했다.

 4장에서는 행복해지는 방법으로 행복해지는 원칙과 웰빙의 5가지 구조의 삶 등으로 구성했으며,

 5장에서는 인생을 즐기는 법으로 마음가짐과 생활습관 등에 대하여 기술하였다.

 이 책은 필자가 34년간 겪은 공직생활, 주경야독하면서 학사 및 석·박사학위를 취득하는 과정에서 얻은 지식을 바탕으로 성공과 행복이란 무엇인가에 관한 깊은 연구와 많은 참고도서 및 각종 인터넷 매체나 매스미디어 등을 참고해 집필하였다.

 이 책이 성공을 원하는 사람들에게는 왜 성공해야 하는가에 대한 명확한 목표의식을 심어주고, 장년층에게는 성공도 중요하지만 행복해지는 마음가짐과 인생을 즐기는 법 등이 있어야 한다는 것을

깨우치게 함으로써 삶에 많은 도움이 되기를 바란다.

　마지막으로 이 책이 나올 수 있도록 배려해 주시고 정성껏 출판해 주신 도서출판 행복에너지 권선복 사장님과 편집부 직원 여러분, 진심어린 격려와 함께 따뜻한 조언을 아끼지 않은 보배 같은 안사람 한은숙과 종선이, 사랑하는 딸 민선이와 서울시청 스피치 동호회 지도강사이면서 수원과학대 교수이신 박보식 교수님. 문서정리 등의 도움을 준 양현경 학생에게 감사의 마음을 전한다.

　이 한 권의 책이 독자 여러분의 성공하는 길과 행복해지는 방법에 지침서가 되길 바라며 나아가 만족과 기쁨을 배가시키는 데 도움이 되기를 바란다.

안정기

| 박원순
서울특별시장

지금 불고 있는 '욜로'yolo, you only live once yolo 열풍은 대한민국 사회에 오랫동안 내면화된 성공 지상주의에 대한 반발에서 시작되었는지도 모릅니다. 그동안 우리 사회는 성공을 향해 경주마처럼 달려왔습니다. 그 과정에 개인의 행복은 자연스럽게 희생될 수밖에 없었습니다.

흔히 '성공'과 '행복'은 상충하는 가치라고 생각해왔습니다. 하지만 인생에서 두 가지 모두 포기할 수 없는 중요한 가치입니다. 그래서 많은 사람이 '저녁이 있는 삶'에 열광하고, '일과 삶의 균형'을 지키기 위해 노력합니다.

성공과 행복을 재는 저울 어디쯤에 균형추를 맞추기 위해 안간힘을 쓰고 있는 우리에게 안정기 님의 '행복하면서 성공하라' 출간은 큰 의미가 있습니다. 시중에 많은 자기계발서가 있지만 34년간의 공직생활을 토대로 키워낸 '행복'과 '성공'에 대한 성찰은 분명 우리에게 큰 지혜와 울림을 줄 것이라고 생각합니다. 이 책 한 권으로 많은 분들이 성공하는 법과 행복해지는 법에 대한 혜안을 얻게 되시길 바랍니다.

| 차장운

강남수도사업소장

　현대인들은 돈, 지위, 권력을 얻는 것이 성공이고, 성공하면 행복할 것이라고 생각하고 치열한 경쟁 속에 살아가고 있습니다. 하지만 성공했다고 생각하는 사람들이 모두 행복한 것은 아니라는 것을 주위에서 종종 볼 수 있습니다. 필자는 "행복하면서 성공하라"고 하며 행복에 우선순위를 두고 있으며, "행복이나 불행을 느끼는 데에는 나의 생각이 중요하지 지금 처한 환경이 미치는 영향은 매우 미미하다. 그래서 감사하는 마음이야말로 풍요로운 행복의 씨앗이다."라고 이야기하고 있습니다.

　이 한 권의 책이 독자 여러분의 성공하는 길과 행복해지는 방법에 지침서가 되길 바라며 성공도 중요하지만 행복해지는 마음가짐과 인생을 즐기는 법 등을 깨우치게 함으로써 성공과 행복을 모두 가지는 삶에 많은 도움이 되기를 바랍니다.

| 신용수
서울시 공무원노동조합 위원장

선배님께서는 공직생활 34년의 경험을 토대로 평범하면서도 깊이 있는 글을 쓰셨습니다. '성공이란 무엇인가?'라는 단편적인 질문과 답으로 끝나는 글이 아니라 '성공이란 무엇이며 행복을 함께 가져가기 위해서는 어떻게 해야 하는가?'라는 고차원적인 사고와 깊이 있는 연구로 우리 삶의 길잡이를 만들어주셨습니다. 무엇보다도 성공에 대한 뻔한 이야기가 아닌 어떤 상황에서 어떻게 행동해야 하고 어떤 자세로 삶을 받아들여 성공으로 이끌 것인가에 대한 깊은 고뇌와 고찰이 느껴지는 글입니다. 선배님은 삶의 행복이 무엇인지를 열정적으로 표현함으로써 삶의 정도란 무엇인지 잘 보여주고 있습니다. 이처럼 삶의 길을 안내하는 아름다운 디딤돌을 함께 공유하게 됨을 기쁘게 생각합니다.

| 송동섭
단국대학교 교무처장 / (전) 경영대학원장겸 국제대학장

"행복하면서 성공하라"의 출간을 축하드리며

저는 저자인 안정기 박사와 학부 때부터 지금까지 지근에서 함께
한 벗입니다. 저자의 성실성, 도전정신, 자상함, 인생관 등을 사모
하고 지내오던 차에 명저서를 출간한다는 소식을 듣고 그동안의 노
고와 기쁨에 대한 만감이 교차하고 있습니다.

사람은 태어나서 한평생 성공하기 위해서 최선을 다하지만 본인
이 행복하다고 느끼는 사람은 별로 없습니다.

이 책은 저자인 안정기 박사가 34년간 공직생활 속에서 학부, 석
사, 박사학위를 영득하면서도 여러 고난과 역경을 슬기롭게 헤쳐가
면서 상선약수上善若水식 인생을 멋지게 살아온 경험을 토대로 체계
적으로 서술해낸 명서라고 생각합니다.

이 책이 세상에 널리 알려지면서 모든 분들이 행복 속에 성공이
함께 하는 삶을 살아가길 기원합니다.

차례

PART 1
성공이란

PART 2
성공하는 사람들의 특징

PART 3
행복이란

PART 4
행복해지는 방법

PART 5

인생을 즐기는 법

Date:

Place:

Member:

Subject: Date:
                                            Place:
                                            Member:

성공이란

성공한 사람이 될 수 있는데
왜 평범한 이에 머무르려 하는가?

– 베르톨트 브레히트

성공의 정의와
기준

성공이란 무엇인가?

성공의 사전적 정의는 '목적한 바를 이룸'이다. 그러나 이 목적한 바를 이루었다는 것은 무엇을 의미하는지 누구도 쉽게 대답하지 못한다. 심지어는 세상 모든 정보가 다 담겨 있는 Google도 성공만큼은 정확한 정의를 내리지 못하고 있다.

그 이유는 성공이라는 말 속에 너무나도 다양한 의미가 담겨 있기 때문이다.

그래서 사람들은 종종 성공은 주관적인 것이라 말한다. 결국 우리 스스로 삶에 대해 어떻게 느끼고 있는지에 관한 것이 성공에 대한 정의가 아닐까 생각한다. 성공에 대한 정의는 여러 종류로 나눠서 설명할 수 있다. 다양한 정의를 내릴 수 있는 성공에 대해 필자는 자신만의 가치 있는 목표를 미리 설정하고 설정한 목표를 위해서 점진적으로 실현하는 과정을 겪으면서, 그 속에서 일어나는 일들에 대해 느끼고 깨달으며 결과적으로 자신이 지향하는 바를 이루는 것이라고 생각한다. 즉, 성공이란 자기 자신보다는 더 위대한 일을 해내기 위해 헌신함으로써 내면의 목표를 달성하여 얻을 수 있는 부산물로, 성공은 어려움이나 실패가 없는 상태가 아니라 고난과 역경을 이겨내고 자신이 꿈꾸는 삶을 영위할 수 있는 능력과 힘을 축적하는 것이라고 할 수 있다.

우리는 모두 한 번뿐인 인생을 살고 있다. 그런 한 번의 인생을 우울하고 괴롭게 살고 싶은 사람은 아무도 없을 것이다. 그래서 조금 힘들더라도 열심히 공부하려 하고, 열심히 일하려 한다. 그것이 성공하는 것에 더 가까워지는 길이라고 생각하기 때문이다.

그런데 정신없이 성공을 쫓아가다 보면 어느 순간 자신도 모르게 올바른 길을 잃게 되는 순간이 올 수 있다. 자신이 무엇 때문에 이렇게 열심히 노력하고 있는 것인지, 제대로 가고 있긴 한 건지 등, 모든 것이 혼란스럽게 된다. 이렇게 지쳐갈 때는 성공이라는 단어가 낯설게만 느껴진다. 영영 이루지 못할 것만 같은 두려움이 든다. 우리를 이렇게 흔들리게 하는 성공은 도대체 무엇일까?

돈을 많이 벌고 유명해진 사람만이 성공한 것이라고 생각하는 사람도 있을 것이다. 하지만 넓은 의미의 성공이란 자신이 목표하고 소망하는 바를 성취하는 것이다. 이렇게 성공을 향한 발걸음이 모이면, 결국 우리의 삶은 자신이 선택한 길에 헌신함으로써 얻는 성취로 인해 경제적인 여유를 만든다. 그리고 그런 재능과 여유를 혼자 간직하는 것에 그치지 않고 주변사람들에게 나누어 주려고 노력한다면, 사회적으로 긍정적인 평가까지 받을 수 있게 된다.

'성공'에 대한 명사들의 정의를 소개해 본다.

전 세계 부호 4위75조, 2015. 7. 7.기준이면서 86세라는 노년의 나이인 워렌 버핏은 "당신을 사랑해줬으면 하는 사람이 당신을 사랑해주면, 그게 바로 성공입니다. 당신은 세상의 모든 부를 다 가질 수 있습니다. 당신의 이름을 딴 빌딩들을 가질 수도 있겠죠. 하지만 정말로 당신을 생각하는 누군가가 주변에 없다면, 당신은 결코 성공한 게 아닙니다."라고 하였고, 인도의 정신적 스승이자 요가 전문가인 스와미 시바난다는 "성공이란 언제나 최선을 다하는 것, '위플래쉬'의 주인공처럼 무슨 일에 미쳐 최선을 다하는 것 자체가 성공이다. 마음과 정성, 정신, 영혼을 당신의 가장 작은 행동에까지 쏟아라. 그게 성공의 비밀이다."라고 하였다.

미국의 처세 전문가 데일 카네기는 "성공이란 '일에 열정을 더하는 것', 열정 없는 일은 쓸데없는 스트레스와 공허한 성취만 낳을 뿐이다. 하고 있는 일을 좋아하지 않는 한 당신은 결코 성공할 수 없다."라고 하였다.

미국의 급진파 흑인 해방 운동가였던 말콤X는 "성공이란 '포기하지 않는 것', 즉 자신이 온 마음으로 믿는 일에 대해선 누가 뭐라 하든 포기하지 않는 것이다. 비판하는 사람이 아무도 없다면 성공하지도 못할 것이다."라고 하였고 미국의 영적 작가 로버트 콜리어는

"성공이란 '결과가 아니라 과정임을 이해하는 것'으로, 영화의 해피엔딩이 아니다. '신데렐라와 왕자가 결혼해 행복하게 살았습니다'로 막을 내리는 인생은 없다. 결혼 이후의 일상생활이 펼쳐지는 것이 인생이다. 성공해서 행복했다는 결말은 꿈도 꾸지 말라. 숨을 거둘 때까지 계속해서 앞으로 나아가는 노력을 멈추지 않는 일련의 과정이 성공이며, 성공이란 매일 반복되는 작은 노력들의 총합이다"라고 하였다.

『보물섬』의 저자이며 영국의 소설가 겸 시인인 로버트 루이스 스티븐슨은 "건강하고, 자주 웃고, 많이 사랑하는 사람, 사람들로부터 존경 받고 아이들로부터 사랑 받는 사람, 맡은 역할을 다하는 사람, 화초의 품종을 개량하든, 완벽한 시 한 편을 쓰든, 한 사람의 영혼을 구하든, 세상에 선한 흔적을 남기고 가는 사람, 아름다움에 감사하고 그것을 표현하는 사람, 다른 사람들의 좋은 점을 볼 줄 알고 자신의 좋은 점을 나누어주는 사람, 그런 사람이 성공한 사람이다."라고 정의하였다.

자기 분야에서 최고가 되어 사회 성장과 기술 발전에 공헌을 하고, 이를 통하여 사회적으로 존경받는 것이 성공의 최종적인 모습일 것이다. 그러나 이것은 스스로의 만족으로부터 오는 것이고, 사회적인 존경이나 명예는 그런 만족의 결과물이 사회에 드러났을 때 자연히 따라오는 것이다. 사회적으로 존경을 받고 싶어서, 명예나 권력을 위해서 성공만을 꿈꾼다면 그것은 본질을 잃어버린 것이다.

나는 유별나게 머리가 똑똑하지 않다.
특별한 지혜가 많은 것도 아니다.
다만 나는 변화하고자 하는 마음을
행동으로 옮겼을 뿐이다.

– 빌 게이츠

성공의
구성요소

성공하려면 무조건 남들보다 더 똑똑해야 할까? 아니면 남들과는 다른 출발선상에 놓일 수 있도록 돈이 더 많아야 할까?

우선 올바른 사회라면 정당한 절차에 따른 성공이 보장되어 있어야 한다. 우리가 그러한 절차 속에서 성공하려면 물론 재능과 부유함도 어느 정도 영향을 미치겠지만 더 중요한 것들이 존재한다.

우선 개인적인 측면에서의 성공 요소를 들어보면, 다음과 같다.

먼저, 자신이 맡은 일에 대한 전문성이나 추진력, 리더십 등이 있어야 한다. 타고나는 재능이 전혀 관계가 없다고는 할 수 없겠지만 후천적인 노력으로도 얻어질 수 있는 것이다. 이런 것들이 갖춰질 경우에 다른 사람들과 구별되는 경쟁력을 가질 수 있게 된다.

성격적인 매력이나 우리가 사회성이라고 일컫는 통찰력도 중요한 요소가 될 수 있다. 이런 요소는 성격적인 성향이 강하므로 모든 것을 개발시키려고 애쓰는 것보다는 자신이 이미 가지고 있는 장점을 더 강화시키는 게 더 효과적이다.

하지만 이런 개인적인 요소들이 홀로 존재할 땐 남들도 모두 노력하고 있는 것들에 불과하다. 성공하기 위해서는 그러한 요소 외에도 추가된 무언가가 필요하다. 그것이 바로 정신적인 측면이다. 직업관, 인생관, 윤리성 등이 이러한 측면에 속한다. 직업이나 인생의 철학을 가진 사람은 이미 세상을 보는 자신만의 눈을 가지고 있다. 뚜렷한 자기주관을 가지고 있다면 예상치 못한 문제가 발생한 상황에서도 빠르게 그 상황을 타파할 방법을 생각해내서 올바른 의사결정을 한다.

이 정신적인 측면에는 건강과 정신력이 중요하다. 특히 건강은 무엇보다도 중요한 요소이다. 아무리 열심히 일한들 건강하지 않다면 능률은 떨어질 수밖에 없다. "건강한 신체에 건강한 정신이 깃든다"라는 말이 있다. 몸의 전체적인 균형이 맞아떨어질 때야말로 맑고 상쾌하게 작업을 수행하는 것이 가능하고 일의 효율이 크게 상승한다. 건강할수록 정신력과 집중력이 강해지기 때문이다. 건강하지 않다면 우리 몸속의 에너지가 몸을 지키기 위해 쓰이겠지만, 이미 몸이 정상적인 컨디션을 유지하고 있다면 남는 에너지는 우리가 하려는 일에 집중적으로 쓰여 높은 효과를 얻을 수 있다.

마지막으로 기회적인 측면도 중요한 요소이다. 사실 이 요소들은 그 기준을 알 수가 없다. 운, 인연, 사회·환경적인 변화, 가족들의 지지 등이 포함되는데 사실 크게 운이라고 묶어도 별다른 무리가 없는 요소들이다. 사람이 사람을 만나는 것은, 그게 가족이든 일에 많은 도움을 줄 은사이든 간에 스스로 관장할 수 있는 분야가 아니다.

기회가 언제 어디서 올지 모른다는 점이 모두가 성공할 수 없는 가장 큰 이유일 것이다. 하지만 개인적 측면과 정신적 측면이 잘 갖추어진 사람이라면 언제든지 기회만 오면 그것을 잡아 성공의 길로 나아갈 수 있다.

따라서 성공한 인생을 살기 위한 구성 요소를 살펴보면 아래와 같다.

첫째는 목적이 있는 삶으로서, 본인이 '목적하는 바'를 명확히 해서 성공에 도달할 수 있는 삶을 살아야 할 것이며

둘째는 계획이 있는 삶으로서, 어려운 상황에서 이를 극복할 수 있는 용기와 해결책을 찾는 지혜가 발휘되어야 하며

셋째는 노력을 하는 삶으로서, 자기가 하고 싶은 일을 하고 그 속에서 겪는 고난과 시련에 맞서 당당히 이겨내고 열심히 노력해서 자신이 목적한 바를 이루고 자신의 삶에 만족하고 인생을 즐기면서 행복하게 살아야 할 것이며

마지막으로 용기 있는 삶으로서 열정을 잃지 않은 채 실패 속에서도 역경과 시련을 극복하는 삶을 살아야 한다는 것이다.

Date:

Place:

Member:

PART 2

성공하는
사람들의
특   징

자신을 내보여라.
그러면 재능이 드러날 것이다.

– 발타사르 그라시안

나를 알리는 시작,
자기소개를 잘하라

　대부분의 사람들은 자기소개의 중요성을 잘 알지 못한다. 그냥 부끄럽다고 생각하고 대수롭지 않은 것이라고 생각한다. 맡은 일만 잘 수행하면 되지 자기소개할 일이 뭐가 있냐고 생각하기도 한다. 하지만 자기소개는 다른 사람에게 자신을 어필하는 중요한 것이다.

　첫인상에 그 사람의 모든 것을 정확히 아는 것은 불가능한 일이기 때문에 사람들은 상대방이 자신을 소개할 때 그 사람을 파악하게 마련이다. 소개하는 사람의 말은 물론이고 인상이나 목소리, 태도 등도 첫인상을 형성하는 데 큰 영향을 미친다.

　한편 성공한 사람은 스스로에 대해 잘 알고 있다. 즉, 자신의 단점을 강점으로 바꾸었기 때문에 성공한 것이다. 그래서 자기소개의 중요성을 놓치지 않고 자신을 소개할 때 자신의 긍정적인 면을 부각시키려고 노력한다. 자신을 잘 파악하고 있다는 것은 인생을 주체적으로 살고 있다는 뜻도 된다. 명확하고 분명한 자기소개는 상대방으로 하여금 신뢰감을 가지게 한다.

그렇다면 어떻게 하면 자기 자신을 다른 사람들에게 효과적으로 잘 알릴 수 있을까? 예를 들면, 필자는 누군가에게 나 자신을 소개할 때 경기도 안산에서 30여 년 동안 거주하며, 산의 정기를 받아야 성공할 수 있다는 믿음이 강하므로 언제나 '안산에 살고 있으며 안산의 정기를 받고 있는 안정기입니다'라고 이야기한다. 이렇게 소개를 한 번 하고 나면 나의 이름을 기억하지 못하는 사람은 거의 없다. 즉, 키워드가 중요하다는 말이다. 자신을 효과적으로 표현할 수 있는 핵심어 하나만으로 기억에 강렬하게 남을 수 있는 자기소개가 중요한 것이다.

자기소개의 중요성을 일찍이 파악하고 이에 관한 책을 쓴 박보식 교수는 자기소개 스피치가 모든 스피치의 기본이라고 밝혔다. 즉, 짧은 광고를 만들기 위해 많은 시간과 돈을 투자하듯이 자기소개 스피치도 많은 시간과 노력을 투자해야 한다는 것이다. 동원되는 방법과 아이디어가 많을수록 다른 사람에게 깊은 인상을 심어줄 수 있을 것이다.

자기소개 스피치는 물론 내용이 중요하지만, 이 내용 못지않게 중요한 것은 표정과 태도와 목소리다. 이 세 가지가 얼마나 상대방에게 확신을 주느냐가 자기소개의 성공과 실패를 가르기 때문이다.

또, 상황에 따라 자기소개 문장을 미리 준비해놓는 것도 성공의 방법이 될 수 있다.

우리는 수많은 상황에서 자기소개를 하게 된다. 자기소개를 하는 장소는 새 학기 교실이 될 수도 있고, 다양한 면접들, 동아리나 동호회, 반상회, 처음만나는 회합장소가 될 수도 있다. 이런 다양한 상황과 장소에서 할 자기소개를 미리 준비해놓으면 큰 도움이 된다. 미리 준비되어 있다는 것은 자신감 있는 태도와 목소리를 낼 여유의 바탕이 된다.

자기소개는 핵심 단어를 사용하여 명료하게 표현해야 한다. 내용이 너무 길거나 발음이 부정확하면 오히려 역효과를 불러일으킬 수 있다. 이름을 소개하는 것이 첫 번째 순서다. 의미나 인생철학을 심어서 말한다면 상대방의 기억에 인상 깊게 남을 수 있다. 그 다음으로는 자신의 직업관이나 사회 기여 가치도, 미래에 대한 전망, 그리고 직업의 간단한 특징을 소개한다. 그 뒤로는 취미와 특기, 나아가이 장소에 오게 된 동기, 그리고 결론 순으로 간략하게 설명하는 것이 바람직하다.

필자의 자기소개법을 소개하자면 다음과 같다.

19대 대통령선거가 2017년 5월에 있었습니다. 주요 5개 정당을 포함하여 15명이 대통령이 되겠다고 출사표를 던졌습니다.

대통령이 되기 위해서는 확고한 국정철학과 자기 자신의 꾸준한 노력도 필요하지만, 주위 친척들의 정당, 후원회 등 모든 사람들의 도움을 받고서 마지막으로 받는 것이 "산의 정기"입니다.

박정희 대통령은 금오산의 정기, 전두환 대통령은 가야산의 정기, 노태우 대통령은 팔공산의 정기, 김영삼 대통령은 마산의 정기를 받아서 대통령이 되었습니다.

또한, 김대중 대통령은 유달산의 정기, 노무현 대통령은 부산의 정기, 이명박 대통령은 포항시민의 정기를 받고 대통령이 되었습니다.

따라서 이런 사실을 아는 저는 서울시 공무원임에도 서울에서 전세 사는 것보다는 안산에서 산의 정기를 받고 성공하기 위해서 안산에서 30여 년 동안 살고 있습니다.

저는 항상 남을 배려하기 때문에 저의 이름을 기억하기 쉽게 소개합니다.

"안산에 살고 있으며 안산의 정기를 받고 있는 안정기입니다."

또한, 필자는 서울시청 스피치 클럽 동호회 회장을 역임하였으므로, 자기소개는 "연습은 천재를 낳고 훈련은 기적을 일으킨다고 생각하는 안정기입니다" 또는 "일 잘하는 사람보다 말 잘하는 사람이 성공하는 요즈음 스피치는 선택이 아닌 필수라고 생각하는 안정기입니다" "최고보다는 최선을 다하는 사람으로 기억되고 싶은 서울 시청 복지본부 ○○○과에 근무하는 ○○○입니다" 등으로 상황에 맞게 소개하고 있다.

두보건설의 이익주 사장은 평소 자신의 이름이 창피하다고 생각하는 사람이었다. 그래서 이름을 소개하는 자리에 가게 되면 자신감을 잃고 움츠러들었다. 그러다가 우연한 기회에 한 강의를 듣게 되는데 그 강사는 "상대방의 이름을 기억하는 것도 중요하지만 자기 자신의 이름을 얼마나 효과적으로 소개하느냐도 무척 중요하다"라는 얘기를 들었다.

그래서 이익주 사장은 용기를 내어 이름을 효과적으로 표현해낼 방법을 찾았다. 같은 강의를 듣던 동료가 '이익을 주는 사나이 이익주'가 어떻겠느냐고 제안했고, 그는 그것을 받아들인다. 그 후 놀라운 변화가 일어났다. 자신을 '이익을 주는 사나이 이익주'라고 소개하자 거래처였던 건설회사에서 매우 긍정적인 반응을 보인 것이다. 그들은 이익주 사장에게 뭔가 특별한 것이 있다고 생각했다. 단지 자기소개 한 문장에서 말이다.

자기소개는 취업에 필요한 이력서와는 다르다. 이력서는 자기 자신에 대한 객관적인 정보가 주를 이루지만 자기소개는 좀 더 감정적이고 주관적인 이야기를 담고 있다. 그러므로 좀 더 인간적인 면이 드러나는 것이 바람직하다.

또한, 면접 시 자기소개의 중요성과 멘트 작성 방법을 살펴보면 아무리 강조해도 지나치지 않는 자기소개의 중요성은 회사에서 뽑고 싶어 안달 나게 하는 자기 소개서를 쓰기 위한 준비단계이다.

최근에는 스피치 강의를 들으러 오는 사람들에게 입사전형에서 자기소개가 갖는 의미와 비중, 그리고 중요성에 대한 견해를 넓히도록 돕고, 취업을 준비하는 학생들의 대화를 통해 입사전형 등에서 자기소개서가 차지하는 비중이 얼마나 커지고 있는지 스스로 생각해 보는 기회를 가질 수 있도록 하고 있다.

종종 월드컵 예선전에서 승승장구하던 팀이 본선에서 조기 탈락하는 경우를 보게 된다. 이럴 경우 예선전에서 아무리 좋은 성적을 거두었더라도 의미가 없어지고, 그 팀은 그저 실패한 팀으로 기억된다.

예선전에서 3전 전승을 기록한 팀도 16강에서 떨어지면 그대로 끝이고, 예선전에서 1승1무1패를 기록했다 할지라도 우승을 하면 성공한 팀이 되는 것이다.

취업에서 서류전형이란 바로 그 예선전과 같은 성격의 절차이다. 그리고 면접이 바로 본선전과 같다. 결국, 취업에서 가장 중요한 것은 스펙도 자기소개서도 아닌 면접이다. 사람은 객관적 정보만 제공되는 서면상의 정보 습득보다 표정이나 제스처 등을 통해 상대의 심리를 파악하려 하는 경우가 많기 때문에 서류보다는 면대면의 심사에서 호감을 느끼기 쉽다. 그리고 면접 심사에서 가장 중요한 것이 바로 그 사람의 자기소개이다. 가장 먼저 말하는 것이기에 첫인상을 결정할 뿐만 아니라 좋은 첫인상을 통해 자신의 이미지를 강하게 심어주기 좋은 방법이기 때문이다. 면접 시 자신을 면접관들에게 임팩트 있게 소개하고, 자신의 장점을 극대화하도록 하기 위한 우수한 예문들을 수록하여 취업준비생들이 매력적인 답변을 하는 데 조금이나마 도움이 되고자 한다.

일상생활에서 1분은 분명히 지극히 짧은 시간이다. 하지만 면접에서 1분은 취업의 당락을 결정짓기에 충분할 만큼 의미 있는 시간이다. 1분여의 자기소개를 통해 자기 PR을 얼마나 매력적으로 하느냐, 아니면 진부하게 하느냐에 따라 면접에서 마이너스된 부분을 보충할 수도 있고, 다 된 밥에 재를 뿌리는 참담함을 맛보게 될 수도 있다.

그만큼 면접에서 최종적인 자기소개 시간은 응급실 환자의 골든타임만큼 급박하고, 또 중요한 시간이다. 때문에 지원자는 '그깟 1분'이라는 오만함을 버리고 '1분에 내 평생이 달렸다'라는 절박한 마음가짐으로 철저한 준비를 해야 한다. 즉, 먼저 회사에 대한 철저한 사전조사가 필요하다. 홈페이지 방문은 필수이고, 그 기업과 관련된 수많은 신문자료를 따로 모아 최근의 동향과 기업의 비전, 사회활동 등을 잘 알아둘 필요가 있다. 한 지원자가 회사에 직접 방문하여, 본사 복도에 걸려있던 인상 깊었던 액자 이야기를 하여 큰 점수를 얻었다는 일화는 기업 입장에서는 지원자가 자신들의 회사에 얼마나 큰 관심이 있느냐를 보여주는 단적인 사례라고 할 수 있다. 이렇게 중요한 사전조사만큼이나 중요한 것이 바로 얼마만큼 진솔해 보이게 자신을 PR할 수 있느냐 하는 것이다. 그러기 위해서는 적당한 어조, 속도, 말투, 그리고 진지한 표정, 자신감 넘치는 아이컨택eye contact이 필요하다. 이러한 다양한 스킬을 자신의 것으로 만들기 위해서는 수많은 연습과 부단한 노력이 필요하다.

광고를 흔히 30초의 예술이라고 한다. 30초 동안 소비자에게 전달하고자 하는 모든 것을 집약적으로 전달해야 하기 때문이다. 그런 면에서 면접 시 몇 분간의 자기소개는 면접관들에게 자신의 장점을 1분 동안 전달하는 한 편의 광고와 같다. 따라서 자기소개의 경우, 임팩트 있게 자신이 가장 잘 전달하고자 하는 것을 처음에 말해 일단 면접관의 주의를 집중시키는 것이 좋고, 마무리에는 여운과 감동이 있는 감성적인 멘트로 작성을 해서 면접관들에게 깊은 인상을 주어 자연스럽게 호감을 끌어내는 것이 좋다. 실생활에서도 쉽게 접할 수 있는 많은 사례가 있듯이 사람은 논리에 의한 설득보다 감성에 의한 설득이 더 강하다는 것을 알 수 있다. 즉, 감성으로 사람에게 어필하는 것은 큰 플러스 효과를 불러일으킬 수 있다.

한편, 이러한 효과를 얻기 위해 가장 중요한 것은 태도와 자신감이다. 면접관 한 명 한 명과 부드러운 아이컨택을 통해 자신감을 보여주어야 한다. 즉, 어깨를 펴고, 자신감 넘치되 오만하지 않은 모습으로 구술하는 연습을 많이 해야 한다.

이런 올바른 자세로 구술하기 위해서 가장 효과적인 방법은 거울을 보고 자신의 모습을 주시하며 말하는 연습을 하거나, 동영상으로 자신이 말하는 모습을 직접 촬영하여 잘못되었거나 어색한 부분을 스스로 고쳐 나가는 것이다.

더불어 긴장감 있게 실전에 가까운 연습을 하고 싶다면, 마음에 맞는 몇 사람과 모여 스터디 형식으로 면접을 준비하고, 면접관과 응시자 역할을 번갈아 가며 실전처럼 훈련한 뒤, 서로에게 피드백 해준다면 매우 좋은 모의고사가 될 수 있고, 효과 좋은 예방주사가 될 수 있다.

심리학적으로 사람은 학습한 환경과 비슷한 환경의 상황에서 학습 내용을 가장 잘 기억하고, 효율적으로 연출해낸다는 연구결과도 있는 것처럼 실전과 같은 훈련만이 성공적인 면접의 열쇠가 될 것이다. 이렇게 수백 번 연습하여 자신이 준비한 자기소개 멘트를 완전히 자기 것으로 소화해낼 때 단순히 외우는 것을 넘어, 문장과 문장의 호흡을 기억하고, 외우지 않은 듯 여유 있으면서도 자신 있게 자기소개를 할 수 있다.

〈 ○○시 공무원 면접 평가기준 〉

1. **공무원으로서의 정신자세** : 국가관, 희생정신, 봉사, 청렴, 공익 우선, 공직윤리, 시민 지향 마인드

2. **전문지식과 그 응용능력** : 상황대응능력

3. **의사 표현의 정확성과 논리성** : 5분 스피치, 적극적인 경청, 명확한 의사 표현

4. **예의 품행 및 성실성** : 조직 몰입과 헌신, 자기조절능력, 협력 및 팀워크

5. **창의력 및 의지력 및 발전 가능성** : 문제 해결능력, 창의력, 적극적 의지력

〈 성공적인 면접을 위한 유의사항 〉

1. 수용은 하지만 주도하지 않는다.

2. 응시자가 설명하는 사실적인 내용이 아니라 경험한 것에 관심을 집중하여야 한다.

3. 문제 자체가 아닌 사람 자체에 관심을 가져야 한다.

4. 면접은 자신의 총명함이나 우월성을 나타내는 것이 아니라 응시자를 존중하고 그에 대한 진정한 배려를 표시하여야 한다.

5. 의사소통을 촉진하고 해석은 하지 않는다.

《 나를 알리는 시작, 자기소개를 잘하라 》

○ 성공하는 사람은 자기소개의 중요성을 잘 알고 있으므로, 자신의 긍정적인 면을 잘 살리려고 노력하여야 한다.

○ 자신을 효과적으로 표현할 수 있는 핵심단어로 기억에 강렬하게 남을 수 있도록 자기소개를 준비하여야 한다.

○ 상황에 따른 자기소개의 문장들을 미리 여러 개 준비해야 한다.

신뢰를 동반한 암시는 강인한 힘을 지닌다.

– 에밀 쿠에(Emile Coué)

자기암시

플라시보 효과에 대해 들어 본 적이 있는가? 1857년 에밀 쿠에라는 약사가 발견한 현상인데, 다른 말로는 '위약 효과'라고도 한다. 에밀 쿠에는 환자들에게 약이라고 속이고 밀가루를 처방했는데 환자들은 모두 증상이 완화됐다고 느꼈다.

다른 일화도 있다. 포르투갈의 한 남자가 냉동 창고에 갇혀 얼마 뒤 숨진 채로 발견됐다. 한쪽 벽면에는 그 남자가 쓴 '나는 곧 죽을 것이다'라는 문장이 발견됐다. 사람들은 모두 놀라움을 감출 수 없었는데, 그 냉동 창고는 고장이 나서 내부온도가 섭씨 18도였고 먹을 것도 충분했기 때문이었다. 그 남자는 자신이 틀림없이 죽을 것으로 생각했고, 또 희망은 전혀 없다고 느꼈기 때문에 죽을 수밖에 없었다.

이 두 가지 이야기는 우리가 믿는다는 것이 얼마나 강력한 영향력을 미치는지 잘 보여준다. 환자들은 병이 나을 것이라는 믿음만으로 밀가루를 먹고도 병세가 나아지는 것을 경험했고 냉동 창고에 갇힌 남자는 빠져나갈 방법이 전혀 없다는 확신만으로 죽음을 맞이해야 했다.

자기 암시는 한마디로 인간의 정신과 육체에 미치는 상상력의 영향이다. 에밀 쿠에가 볼 때 자기암시가 무엇보다 필요한 사람은 '노력하고 애를 쓰지만 그럴수록 일이 잘 풀리지 않는 사람들'이다. 노력하는 것은 의식적인 행동이다. 그런 의식적인 행동에는 무의식적으로 스스로를 믿지 못하는 마음이 숨어있다. 이루어내지 못할 것 같다는 불안감을 숨기기 위해 노력하게 된다는 것이다. 그런 노력은 불안감의 표현일 뿐이며 오롯이 그 일을 위해 노력하는 것도 아니다. 그저 스스로 잘하고 있다고 믿고 싶은 눈속임에 그치는 것이다.

에밀 쿠에는 의식적으로 무의식을 다스리는 방법을 상상과 의지라는 두 에너지를 통해 설명한다. 상상은 무의식을 다루고 의지는 의식을 다룬다. 상상과 의지가 대립할 땐 무조건 상상이 이기게 된다. 앞에서 말했듯이 무의식적으로 스스로를 믿지 않고 의식적으로만 노력하게 되면 결국 스스로를 믿지 않음에 따른 불안감 때문에 원하는 결과를 이루어내기 어려워진다.

가장 중요한 것은 스스로를 믿는 것이다. 노력하는 것보다 그것이 더 먼저이고 더 중요한 일이다. 이렇게 하는 것이 성공하기 위한 첫 번째 올바른 마음가짐이다. 우리는 이것을 하기 위한 힘을 내부

성공하는 사람들의 특징

에 충분히 가지고 있다. 가지고 있지 않다고 생각하는 것은 단지 스스로를 믿지 못하는 것일 뿐이다.

의지와 상상이 서로 동의하게 되면 그 힘은 단순히 더해지는 게 아니라 곱해진다. 생각한 것보다 더 큰 에너지가 나오는 것이다. 이렇게 의지와 상상이 모두 성공을 위해 힘을 합칠 준비가 되어있다면 그다음에 목표를 세우는 것이다.

목표를 세우는 단계에서도 상상은 중요한 힘을 발휘한다. 건설적이고 창조적인 상상력은 과거의 불행한 기억을 해결해준다. 발전시키고 싶은 재능이나 능력이 있다면 그에 관련된 분야에서 성공하는 광경을 떠올리는 것이 도움이 된다.

'그랬으면 좋겠다.'라는 막연한 상상을 하라는 게 아니다. 여기서의 상상은 더 정확하고 더 구체적인 모습을 떠올리는 것을 말한다. 상상이 먼저고, 실현은 그다음이 된다. 성공은 상상한 분량만큼 현실로 이루어진다. 사람은 자기가 상상한 대로 변한다. 상상만으로도 끊임없이 변화하고 창조하는 힘이 나오는 것이다.

필자는 20년 동안 매일 아침 5시경에 일어나는데 일어나자마자 하는 것이 두 가지 있다. 첫째 공복에 물을 먹고, 두 번째는 자기 암시를 하는 것이다.

첫 번째, 공복에 물을 먹는 이유로 필자의 경우, 공복에 물을 먹고 나면 정확한 시간에 대변이 순조롭게 나온다. 사람 체질에 따라 다르겠지만 대부분의 학설 및 통계자료에 의하면 공복에 물을 먹으면 대장운동이 활발해져 원활한 신진대사를 촉진한다는 긍정적인 이유이다. 원활한 신진대사로 좋은 컨디션을 유지할 때 마음을 다스리기 쉬우므로, 이는 간단하지만 중요한 일이다.

두 번째, 자기 암시의 내용은 다음과 같다.

- 나는 날마다 모든 면에서 점점 더 좋아진다.
- 나는 매사에 긍정적인 생각만이 나의 정신에 영향을 미친다.
- 나는 어떠한 경우에도 모든 일을 잘하고 있다.
- 나는 내 인생과 모든 일에 충만함과 풍요로움이 있을 것을 기대한다.
- 나는 모든 일을 신에게 감사한다.

이런 모든 자기암시는 스무 번씩 소리 내어 말하며, 그렇게 하지 못하는 상황일 경우에는 글로 여러 번 반복하여 쓰는 것도 효과가 있다. 이런 긍정적인 자기암시가 하루의 일과를 힘차게 시작하는 동기를 부여한다.

자기암시에서 가장 중요한 것은 스스로를 정말로 믿어주는 것이기 때문에 자기가 원하는 것을 이룰 수 있을 것이라는 확신이 최우선되어야 한다. 이것이 크면 클수록 결과가 빠르고 크게 나타난다.

이러한 자기암시 효과나 피그말리온 효과는 실험을 통해 충분히 증명된 이론으로, 필자의 경우에는 자기암시를 하고 근무를 하면 자신감이 생겨 상쾌한 기분과 긍정적인 생각을 하게 됨으로써 하루의 일과가 편안해짐을 느낄 수 있다.

지난 2016년 박상영 선수는 리우데자네이루 남자 펜싱 에페 결승전에서 9-13으로 패색이 짙던 2라운드 직후, 쉬는 시간에 "그래, 할 수 있다. 할 수 있다."라고 되뇌는 장면이 카메라에 포착되어 전 세계의 TV에 방영되었다. 그 장면은 정말로 뭉클한 모습이었다.

3라운드가 시작되고 10-14점까지 밀렸지만 '할 수 있다'는 강한 신념이 뒷심을 발휘하며 연속 5점을 따냈다. 결국 기적 같은 금메달을 목에 걸었다.

이 광경을 본 뒤, 실력도 실력이지만 '할 수 있다'라는 강한 자기 암시가 큰 기적을 낳은 그 순간을 아직도 머릿속에 생생하게 기억한다. 그 경기 이후로 박상영의 '할 수 있다'는 많은 사람 사이에서 널리 회자되며 여전히 멋진 순간으로 기억된다. 그리고 '할 수 있다'라는 긍정적인 마인드와 자신감이 얼마나 중요한지 새삼 깨닫게 된다.

MBC방송은 이런 자기암시의 혼잣말이 박상영 선수뿐 아니라 많은 선수들이 긴장감을 이겨내는 방법이라고 보도하기도 하였다.

양궁 개인전 준결승에서 '3점'을 쏘아서 큰 실수를 했던 장혜진 선수는 결국 바람과의 싸움을 이겨내고 금메달을 차지했다. 그는 바람이 너무 많이 불어서 경기가 정말 힘들었다고 했다. 결국 최악의 환경에서 스스로에게 무조건 '자신 있게' 쏘자고 외치면서 활을 쐈다고 한다. 장혜진의 인터뷰 중에서

진종오 선수도 '진종오답게' 함으로써 값진 메달을 따내는 모습을

보여주었다.

진종오 선수 역시 지난 리우데자네이루 올림픽 50m 권총 결선에서 경기 초반 6.6점을 쏘며 탈락의 위기까지 몰렸으나, 평점심을 되찾으며 침착하게 경기를 이어나갔고 금메달의 주인공이 되었다. 이것으로 2008년, 2012년, 2016년 금메달을 딴 진종오 선수는 세계 사격 최초로 올림픽 개인 종목 3연패라는 신기록도 세울 수 있었다.

이때 진종오 선수는 어떻게 평점심을 되찾을 수 있었을까?

그 역시 스스로에게 던지는 혼잣말로 평정심을 되찾을 수 있었다. 실수를 한 게 전화위복이 된 것 같다고 했다. 그는 자신의 실책에 자책을 하다가 돌연 '진종오다운' 경기를 하자고 마음먹고 힘찬 결의를 다지며 다시 사대에 올라섰다. 진종오 선수 인터뷰 중에서

사실 진종오 선수는 평소에도 독백을 자주 한다고 한다. 한 발 쏘고 나서 '그래, 됐어. 됐으니까 다음 발도 또 10점 쏘자'라고 말이다. 독백을 하다 보면 자기 최면도 되고 집중도 더 잘되는 것 같고 다른 생각을 안 하게 된다고 말하였다.

박상영 선수, 장혜진 선수, 진종오 선수의 사례에서처럼 자신을 상대로 주문을 거는 혼잣말은 긴장을 가라앉히고 온전히 자신의 실력을 발휘할 수 있는 원동력이 된다. 그리고 이 효과는 비단 이러한 사례뿐 아니라 여러 연구에서도 과학적으로 입증되었다.

또, 창조적인 상상력을 발휘하여 자기암시를 하는 방법이 있다.

매일 잠들기 전에 다음날 계획한 일들을 마음속에서 미리 완성시켜 보는 것이다. 시뮬레이션이라고도 하는데, 할 수 있을 것이라는 확신을 스스로에게 심어주는 데 좋다.

그럼 자기암시를 하는 다음의 방법을 따라해 보자.

첫째, 편안한 자세로 앉아서, 또는 위를 보고 똑바로 누워도 괜찮다.

둘째, 눈을 감는다.

셋째, 어깨의 힘을 뺀다. 목, 팔, 등, 다리의 힘도 뺀다.

넷째, 자기암시를 한다. "나는 날마다 모든 면에서 점점 더 좋아진다." 편안하고 느긋한 기분이 될 것이다.

다섯째, 마음이 편안해지면 꿈을 마음속으로 가능한 구체적으로 그린다. 그 꿈이 실현됨으로써 매우 만족스럽고 행복해하고 있는 자신의 모습을 상상한다.

여섯째, '안 되는 것 아닌가'라는 부정적인 생각이 마음에 떠오를 것 같을 때는 즉시 그 생각을 떨쳐 버리고, 반대로 "분명히 실현된다. 괜찮다."라는 말만을 반복한다.

일곱째, 실현되기까지 구체적인 방법이나 과정 같은 것은 전혀 생각할 필요가 없다. 그저 실현됐을 때만을 상상한다.

– 일어난 직후인 아침새벽이나, 저녁에 잠잘 때에 자기 암시를 하면 더욱 효과가 좋다. 시간 날 때 틈틈이 전철 안에서든 언제든 할 수 있는 일이다. 한 번 하는 데 걸리는 시간은 고작 5~10분 정도다. 속는 셈치고 반복해 보자.

신체 각 부분의 힘은 반복하는 사이에 점점 빠지고, 편안하고 상쾌한 기분도 점점 더 능숙하게 체험할 수 있게 된다. 기본적으로 이렇게만 해도 어떤 꿈이든 실현을 앞당길 수 있다.

성과를 빨리 실감하고 싶다면 자신이 가진 꿈 중 실현하기 약간 어렵다고 생각하는 것부터 시작해 보자.

먼 장래의 꿈보다는 시간적으로 가까운 꿈을 반복해서 머릿속에 그려보는 것이다. 요령은 어디까지나 의심부터 하기보다 자기 마음을 향해 항상 "할 수 있다. 괜찮다."라고 주문을 거는 것이다. 할 수 있다는 믿음에 집중하기 시작하면 좋은 효과가 나타난다. 이와 같은 과정을 통해 믿음이 있는 자신을 의심하지 않는 단계에 이르면 어떤 꿈이든 반드시 실현시킬 수 있게 될 것이다.

미국 16대 대통령이었던 링컨도 "사람은 행복해지려고 결심한 만큼 행복해진다"라고 말했다. 창조적인 상상력을 발휘하기 위해서는 첫 번째로 진정으로 원하는 목표와 계획을 글로 적는다. 그 다음엔 상상력을 동원하여 자세하고 분명하게 성공적인 결말을 그려본다. 그리고 마지막으로는 처한 상황 속에서 최대한 현재에 충실하는 것이다. 상상이 건설적이냐 파괴적이냐에 따라 실제 인생은 크게 달라진다.

《 자기 암시 》

○ 가장 중요한 것은 스스로를 믿는 것이다. 노력하는 것보다 그것이 더 먼저이고 더 중요한 일이다.

○ 건설적이고 창조적인 상상력은 과거의 불행한 기억을 해결해준다.

○ 성공은 상상한 분량만큼 현실로 이루어진다. 사람은 자기가 상상한 대로 변한다.

○ 창조적인 상상력을 발휘하기 위해서 첫 번째로 진정 원하는 목표와 계획을 글로 적는다.

나의 언어의 한계는 나의 세계의 한계를 의미한다.

– 루드비히 비트겐슈타인

말한 대로 이루어지리라,
말의 위력

앞서 알아본 자기 암시는 스스로의 미래를 만드는 데 아주 중요한 핵심요소 중 하나라는 것을 충분히 알았을 것이다. 이 암시를 가장 잘 수행할 수 있는 방법은 말의 힘을 믿는 것이다. 말로써 스스로의 세계가 확립된다.

성공학을 배우는 사람들은 말의 위력에 대하여 수없이 많이 듣는다.

이집트와 인도, 페르시아, 중국, 티베트의 종교 지도자들은 건설적인 방향에 할 말이 있을 때만 말을 할 수 있도록 했다. 생각 없이 뱉는 말이 얼마나 위험해질 수 있는지 알고 있기 때문이다. 그래서 입을 함부로 열지 못하게 기준까지 만든 것이다.

마음속에 담아두고 있는 생각 자체로 삶에 영향을 미칠 수도 있겠지만 직접 입으로 뱉는 말은 그 효과가 더욱 강하다. 스스로가 불행하다고 말한다면 정말로 불행해진다. 스스로가 성공할 것이라고 말하고 다닌다면 그 시간이 얼마가 걸리든 성공할 것이다. 그것이 말의 위력이다.

또한, 말은 그 사람의 품격을 나타낸다. 말을 유창하게 해야 한다는 뜻이 아니다. 말을 잘하는 것도 물론 하나의 긍정적인 요인이 될 수는 있겠지만 그것만이 전부는 아니다. 핵심은 그 안의 진실이다.

우리 사회는 언제나 소통이 필요하다고 외치고 있으며, 그 소통은 말로써 시작된다. 서로의 대화가 우리 사회의 갈등을 극복하고 통합시킬 수 있는 수단이 되는 것이다. 말은 개인적인 분야뿐만 아니라 사회적인 분야에서도 변화를 이끌어내는 원동력이 된다.

말은 말하는 사람의 세계를 만든다. 부정적인 말들로 자신의 세계를 만들어버렸다면 마음속은 이미 모든 것을 비관 속으로 빠뜨려버리는 늪이 되어버렸을 것이다. 그러나 이제부터라도 긍정적인 다짐과 믿음의 말들로 자신의 세계를 확장시키면 긍정적인 사람이 될 수 있다. 특히 이런 과정에서 소리 내어 말하는 것이 중요하다. 소리 내어 말하는 것이 속으로 생각하는 것보다 몇 배의 위력을 발휘한다. 소리 내어 말할 수 없다면 반복해서 종이에 적는 것도 하나의 방법이 된다.

말 한마디에 사람이 살기도 하고, 죽기도 할 정도로 말은 어마어마한 힘을 가지고 있다. 고운 말, 긍정적인 말을 하는 사람은 듣는 사람을 살리지만 부정적인 말, 비난의 말만 즐겨하는 사람은 듣는 사람의 마음을 부정적으로 만들어 결국에는 의기소침하게 만들고,

나아가서는 죽음에 이르게 할 수도 있다.

한편, 같은 말이라도 순서만 바꾸는 것으로 상대방에게 좋은 느낌을 전달할 수 있다. 바로 대화 앞부분에 단점을 놓고 뒷부분에 상대의 장점을 배치하는 것이다. 단지 앞뒤의 내용만 바꿀 뿐이지만 효과는 상당하다.

예를 들어 보자.

1) '디자인은 세련됐는데, 색깔이 별로군요.'
2) '색깔은 별로지만, 디자인은 세련됐군요.'
3) '목소리는 좋은데, 음정이 잘 맞지를 않는군요.'
4) '음정이 맞지를 않지만 목소리가 아주 좋군요.'

1)과 2), 3)과 4)는 서로 같은 말이다. 그러나 두 문장을 받아들이는 사람의 느낌은 완전히 다르다. 1) 대신 2)로, 3) 대신 4)로 바꾸어 말하여야 한다. 왜 그럴까? 1)을 들으면 장점과 단점이라는 상반된 내용을 한 문장에 배치할 때 듣는 사람은 자연스럽게 먼저 배치된 말보다 뒤에 배치된 말에 더 집중하게 된다. 때문에 상반된 내용을 함께 말하는 문장은 뒷문장이 핵심 내용이자 말하는 이의 주 목적이 된다. 그렇기 때문에 1)이나 3)처럼 말하면 단점을 지적당한 것 같아 기분 나빠지기 쉽다. 그렇지만 2)와 4)같은 대화는 칭찬인지 잘못을 지적해 주는 것인지 바로 알아차리기 힘들며, 핵심 내용이라고 여기는 문장이 장점을 부각시켜준다. 듣는 이는 곧 자신

의 단점이 무엇인지 깨닫게 되며, 칭찬까지 들었으니 기분이 나쁠 리 없을 것이다.

뒷말이 부정적일 경우, 핵심 내용이 단점을 부각시키기에 단점을 지적당하는 것으로 여기게 되어 단점을 받아들이기보다 자신이 평가 절하되었다는 생각에 기분이 나빠지기 쉽다.

이처럼 뒷말이 긍정적으로 끝날 경우에는 칭찬이 주목적이 되기 때문에 듣는 이의 기분이 많이 나빠지지 않는 선에서 단점까지 알려줄 수 있다.

말이란, 물같이 어떤 그릇에 담느냐에 따라 모양이 달라진다. 같은 사람에게 같은 말을 해도 시간과 장소에 따라 말의 효과는 크게 달라진다. 말은 우리 삶의 방향을 이끌고 우리 모습을 달라지게 만든다. 이게 바로 말이 무엇보다 중요한 이유이다.

말이 그렇게 중요한 것이므로 자신의 말하는 습관을 돌이켜보는 것도 좋다. 우리는 모든 방면에서 '더 나은 것'을 바란다. 더 나은 외모, 더 나은 의식주, 직장, 여가 등을 바란다고 해서 나쁘다고만은 할 수 없을 것이다. 그것은 사람의 당연한 욕망이기도 하다. 그래서 우리는 끊임없이 단점만을 얘기한다. 좀 더 편안했으면, 좀 더 화려했으면 하고 얘기하는 사람의 마음에 주어진 것에 감사할 수 있는 여유는 없다.

우리가 이런 것들을 원하면서 스스로 주변 사람들에게 계속 부정적인 말을 꺼내는 것은 문제가 된다. 이것은 현재에 아무것도 하지

못하게 방해하고, 미래에 어떤 것도 이룰 수 없게 방해하는 시간낭
비일 뿐이다. 앞으로의 '발전'에 초점을 맞추게 되면 우리는 멈춰서
불평을 하는 것보다는 더 크게 앞으로 나갈 수 있다.

《 말한 대로 이루어지리라, 말의 위력 》

○ 평소 말하는 습관을 부정적인 방향보다는 긍정적인 '발전'의 방향으로 고정시켜야 한다.

○ 소리 내어 말하는 것이 속으로 생각하는 것보다 몇 배의 위력을 발휘한다.

○ 같은 말이라도 순서만 바꾸면 상대방에게 기분 좋은 느낌을 전달할 수 있다.

○ 말이란 물과 같다. 어떤 그릇에 담느냐에 따라 모양이 달라진다. 같은 사람에게 같은
   말을 해도 때와 장소에 따라 말의 효과는 크게 달라진다.

재능은 게임에서 이기게 한다.
그러나 팀워크는 우승을 가져온다.

– 마이클 조던

'우리'의 시작,
남의 이름을 기억하라

이 세상에서 '나'를 나타낼 수 있는 가장 작은 한마디의 말은 이름
이다. 그래서 사람들은 누군가 자신의 이름을 불러주는 것을 의미
있게 여기고 자신을 기억해주는 것에 민감한 반응을 보인다. 상대
방의 이름을 기억하고 불러주면 자신과 상대방 사이에 친밀감이 쌓
이기 시작한다.

대부분의 사람들은 다른 사람의 이름을 기억하는 것이 그다지 중
요하지 않다고 생각한다. 하지만 성공은 혼자 할 수 있는 것이 아니다.
한 사람이 성공하기까지 얼마나 많은 사람들로부터 도움을 받는지
생각해 보면 우리는 주변의 그 어떤 누구라도 함부로 대할 수 없게
된다.

한국의 대표시인 중의 한 분인 김춘수 시인의 '꽃'이라는 시에 아주 유명한 구절이 있다.

내가 그의 이름을 불러주었을 때/ 그는 나에게로 와서/ 꽃이 되었다

이 구절의 시를 누구나 한번쯤은 들어보았을 것이다. 누군가에게 꽃이 된다는 것은 그 사람의 세계로 들어가 존재하게 된다는 것이다. 그리고 그 존재를 위한 전제조건은 바로 상대방의 이름을 불러주는 것이다.

남의 이름을 불러준다는 것은 그 사람의 존재를 받아들이고 나의 존재를 드러내는 것이다. 남의 이름을 기억한다는 것은 나의 존재를 드러내기 위한 선행과정이 된다. 모든 것은 스스로 존재하고 있어야만 의미를 가질 수 있다. 자신이 왜 존재하는지 모르는 상태에서는 그 어떤 것도 가치를 가질 수 없다. 우리가 살아가면서 하게 되는 모든 행동과 말은 자신의 존재를 증명하기 위한 발버둥이라는 말이 있을 정도로 우리는 그렇게 자신의 존재의미를 깨닫고 싶어 한다.

존재의미는 스스로를 고립한 상태에서도 찾을 수 있지만 다른 사람들과 어울릴 때 찾기도 한다. 주변의 믿고 의지하는 사람들이 자신에 대해 해주는 말들이 존재의 의미가 될 수 있다는 것이다. 그래

서 우리가 만나는 '남'들이 모두 스쳐지나가기만 하는 것은 아니다.

그중 몇몇은 소홀히 해서는 안 되는 귀한 인연이 될 수 있다. 그리고 그 인연을 소홀히 하지 않는 첫 번째 발걸음이 바로 이름을 기억하는 것이다. 상대방의 존재를 인정하고, 그에 따라 상대방에게 자신의 존재를 인정받기 위해, 우리는 상대방의 이름에 좀 더 관심을 기울여야 할 것이다.

이름 기억하기는 사소해 보여서 자칫 간과하기 쉽지만 그 무엇보다도 쉽게 상대방의 호감을 가질 수 있는 방법이다. 자신의 이름을 기억해주는 것을 싫어할 사람은 아무도 없다. 그것은 서로 간의 상호작용이 더 수월하게 이루어지는 것을 돕는다.

또한 이름을 기억해서 성공한 사례는 수없이 많다. 다음의 사례를 보자.

전직 증권인이자 동우캐피탈의 이강천 사장은 평소 다른 사람의 이름 기억하기를 별로 중요시하지 않았다. 그러던 어느 날, 그는 이름 기억의 중요성에 대한 강의를 듣게 되었고 왜 그렇게 중요한 것인지 알기 위하여 상대방의 이름을 기억하기 시작했다.

우선, 골프장에서 캐디에게 이름을 불러주자 그 캐디는 사무적이지 않고 친절하게 이것저것 노하우를 알려주었다. 캐디는 물론이고 이강천 사장까지 기분이 좋았다. 평소보다 3타수를 줄이기도 했지만 기분이 매우 상쾌했다. 이름 하나 기억했을 뿐인데 캐디의 태도가 완전히 바뀌었기 때문이다. 그는 그 이후로 이름 기억하기를 생활화해야겠다고 다짐하였다.

　이름에는 그 사람의 정체성이 숨어있기도 하다. 그것을 기억한다는 것은 세심하고 배려있는 사람임을 어필할 수 있다는 것이다. 나아가 상대방과의 적의적인 태도나 어색한 분위기를 타파하기 쉬워진다. 이름 기억하기는 상대방뿐만 아니라 나 자신까지 의미를 가지게 하므로 성공하기 위해서 무엇보다 중요하다.

《 우리의 시작, 남의 이름을 기억하라 》

ο 상대방의 이름을 잘 기억하고 불러주면 친밀감이 생긴다.
ο 상대방의 이름을 기억하고 소개하는 것도 중요하지만, 더 중요한 것은 나 자신의 이름을 다른 사람들이 쉽게 기억할 수 있도록 소개하는 것이다.

당신이 생각하는 모든 것은 곧 힘이며,
에너지가 약하고 산만한 생각은 약하고 산만한 힘이 되고,
강하고 집중된 생각은 강하고 집중된 힘이 된다.

– 존 키호

긍정적이고
낙천적으로 산다는 것

　필자는 언제나 긍정적인 노래만 부른다. 송대관의 '해뜰날', 오승근의 '있을 때 잘해', 박진도의 '야간열차', 이문세의 '나는 행복한 사람', 조승구의 '꽃바람 여인' 등이다. 이 노래들은 긍정적이고 경쾌한 의미를 담고 있거나 긍정적인 사연을 담고 있다.

　긍정적인 노래를 부르는 이유는 무엇일까. 가수가 노래 한 곡을 부르기 위해서는 보통 3분~4분의 노래를 수천 번, 수만 번 부르는 것으로 알고 있다. 필자도 2005년 11월에 전국노래자랑 안산시 편에 나갈 때 수백 번은 연습하고 불러서 출전하였다. 그전에는 별 생각 없이 슬픈 노래도 불렀지만, 성공학을 연구하고 공부하며 긍정적인 노래가 사람의 운명을 바꾼다는 말을 자주 접하며 생각이 바뀌었다. 그 이후 슬픈 노래는 멀리하고, 지금은 밝고 경쾌한 노래만 부르고 있다.

TV에서 방송된 것 중 이런 사례들이 있다. 패티김 선생님이 '이별'을 부르고 난 후에 길옥윤 선생님과 이별을 하였다는 이야기를 들었고, 윤심덕이 '사의 찬미' 이후 연인과 자살한 일, 배호가 29살의 나이에 세상을 떠났을 때 마지막 노래가 '마지막 잎새'이며, 차중락26세의 '낙엽 따라 가버린 사랑', 김현식32세의 '내 사랑 내 곁에' 등 젊은 나이에 요절한 가수들은 노랫말이 슬프고 애처롭다. 또한, 가수 권혜경은 '산장의 여인'을 부르고 나서 각종 병이 그녀를 공격했으며, 죽기 전에 산골에서 홀로 투병생활을 하고 있다는 방송보도를 본 기억이 있다.

가수 송대관이 1975년에 '해뜰날'을 부르고 크게 히트하여 무명가수에서 탈피하여 1976년에 방송국 가요대상 3개를 수상하였고 동시에 가수왕으로 등극하기에 이르렀다.

이 곡은 반복적이며 희망적이고 긍정적인 가사와 경쾌한 멜로디가 돋보이는 곡이다.

또한 조승구의 '꽃바람 여인'을 불러서 암을 극복하였다는 방송 등을 본 것이 긍정적이고 밝은 노래만 부르게 하였다. 이런 노래를 부르다 보면 노래의 희망찬 에너지가 다가오고 그 에너지로 더 활기차게 살아갈 수 있다.

앞으로 더 큰 성공을 거둘 것이고 다른 사람들도 그렇게 되도록 돕겠다는 긍정적인 마음이 필요하다. 가장 먼저 자신의 마음에 성공할 수 있으리라는 확신이 깊게 박혀있어야 하기 때문이다. 그럼 우리의 모든 행동과 목소리, 표정이 그에 맞게 달라지고 타인의 잠재의식에도 영향을 준다.

"생각은 운명을 바꾼다."라는 말처럼, 일본 전원도시 후생병원 설립자이며, 동경의대를 나온 외과의사인 하루야마 시게오는 자신의 책『뇌내혁명』에서 '우리 뇌는 어떻게 생각하느냐에 따라 크게 달라진다'고 강조했다. 그는 마이너스 발상을 하면 뇌도 그렇게 작동하여 부정적인 호르몬을 분비한다고 주장하였다. 반면 플러스 발상인, 긍정적인 발상을 하게 되면 뇌에서 베타 엔도르핀을 분비한다. 이 호르몬은 우리의 정신을 맑게 하고 육체를 건강하게 유지시켜 준다는 것이다.

긍정적이고 낙천적인 마음은 스스로에게 강한 확신을 가지는 것이다. 그래서 조금의 어려움이 찾아오더라도 금방 빠져나갈 수 있는 힘을 준다. 마음속에 의심을 가지고 있다면 일이 잘 풀리지 않을 때마다 그 의심이 눈덩어리처럼 불어나 스스로를 짓누를 것이다. 성공은 단시간에 이루어지지 않는 것이기 때문에 그 과정에서 수많은 실패를 동반한다. 그 실패마다 불안해하고 정체되어 있다면 성공까지 가는 길은 더 멀고 험해질 것이다.

긍정과 낙천은 움직일 수 있는 힘을 준다. 그런 사람은 더 힘차고 적극적으로 활동한다. 확신은 희망이다. 당장 어려움이 조금 있더라도 결국엔 성공하리라는 확신이 있다면 멈춰서 우울해하기보다는 뭐라도 하려고 바쁘게 움직일 것이다. 열정적인 모습은 곧 성실한 모습이 되고 주변에서 긍정적인 평가를 얻게 된다.

생각하는 것에 따라 감정이 생기고 그 감정은 주변으로 전염된다. 자신이 좋은 에너지를 가졌다면 좋은 에너지를 가진 사람들이 주위에 모인다. 서로가 상부상조하여 힘이 되어줄 수 있고 그것이 성공에 더 가깝다는 것은 당연하다.

미국의 철학자이며 심리학자인 윌리엄 제임스는 '인생은 생각의 결과'라고 말했다. 인생은 괴로운 것이라고 믿는 사람은 괴로운 삶을 살게 된다. 반면 인생이 즐겁고 놀라운 것이라고 믿는 사람은 가끔 실패를 하더라도 자신의 생각을 믿고 금방 그 실패에서 벗어나 즐거운 인생을 산다.

미국 노스캐롤라이나 대학의 바버라 프레데릭슨 교수는 긍정적인 감정이 신체적인 변화뿐 아니라 심리적, 지적, 사회적인 능력을 더욱 확장시킨다고 주장하였다. 어딘가에 문제가 있을 것이라는 불안한 생각을 멈추지 않는다면 결코 비전을 향해 나아갈 수 없다. 부정적인 생각은 언제나 부정적인 결과를 가져온다. 반대로 '할 수 있다'는 신념은 긍정적인 결과로 이어진다.

다윗은 '믿음이 가장 값진 무기'라는 생각으로 골리앗에 맞서 싸웠고 승리했다. 다윗의 믿음이 칼이나 방패보다 더 강했던 것이다. 잘될 것이라고 생각하면 보이지 않는 길도 보이게 된다. 할 수 있다고 생각하는 것이 중요하다. 최선을 다해 꾸준히 연습한다면 모든 일이 가능성이라는 범위 안에서 이루어짐을 경험하게 될 것이다. 긍정이야말로 우리의 뇌와 몸을 지탱할 수 있는 진정한 에너지이다.

긍정적 사고는 생각하는 목표에 대한 것을 확실히 보장하는 것은 아니지만, 적어도 스스로에게 최대한의 기회를 준다. 부정적으로 생각하는 것은 실패에 따른 결과만을 지나치게 과장해 움츠러들게 만들지만, 긍정적으로 생각하는 것은 그와 반대이다. 가능성에 최대한 집중하게 해서 실제로 그것이 결과가 될 수 있도록 이끌어야 한다. 이를 위하여 필요한 것이 긍정적 사고인 것이다. 따라서 이런 사실을 아는 필자는 항상 노래를 부를 땐 긍정적인 노래를 부르고, 이야기할 때에도 긍정적인 이야기만 하기 위해 노력한다.

《 긍정적이고 낙천적으로 산다는 것 》

o 언제나 긍정적이고 낙천적으로 생각하라

o 미국의 철학자이며 심리학자인 윌리엄 제임스는 '인생은 생각의 결과'라고 말했다. 인생은 괴로운 것이라고 믿는 사람은 괴로운 삶을 살게 된다. 반면 인생이 즐겁고 놀라운 것이라고 믿는 사람은 가끔 실패를 맛보더라도 그 생각대로 믿고 금방 그 실패에서 벗어날 것이다.

o 미국 노스캐롤라이나 대학교에서 심리학을 가르치는 바버라 프레데릭슨 교수는 긍정적인 감정이 신체적 변화뿐만 아니라 심리적, 지적, 사회적인 모든 면에서 능력을 더욱 확장시키고 새롭게 만들어 내는 역할을 한다고 주장한다.

그가 하루 종일 생각하고 있는것,
그것이 그 사람인 것이다.

- 에머슨

반드시 잘되리라고
확신하는 습관을 가져라

　로마 제국을 통치한 마르쿠스 아우렐리우스는 위대한 철학자이기도 했던 사람이다. 그는 '우리의 인생은 우리의 사고로 만들어진다.'라고 말했다. 맞는 말이다. 우리가 즐거운 생각을 하면 즐거워질 것이고 불행한 생각을 한다면 불행해질 것이다.

　책 『적극적 사고방식』은 생각을 바꿔 운명을 스스로 바꾸도록 인도한다. 미국의 성직자이자 동기부여 연설가인 노먼 빈센트 필 박사는 '자기 자신을 믿어라, 노하거나 서두르지 말라, 개인적인 문제를 해결하라, 마음을 편하게 가져라' 등의 주제 아래 우리가 인생을 개선할 수 있도록 돕는 조언들을 내놓았다.

　그는 이를 통해 우리에게 마음의 평화와 건강한 몸과 마음, 그리고 끝없이 솟아오르는 원동력을 알려줌으로써 그 힘의 소유자가 될 수 있는 법칙을 가르쳐주었으며. 아울러 우리의 인생에 기쁨과 만족이 넘칠 수 있음을 증명하여 행복하고 충족된 인생을 보낼 수 있기 위한 교훈을 제시하였다. 그래서 사고방식의 변화를 통해 자신의 삶을 변화시킬 수 있도록 노력하여야 한다고 하였다.

또한 노먼 빈센트 필 박사는 '인간은 자신이 생각하는 그러한 자기가 아니며, 생각 그 자체가 그 사람인 것이다.'라고 했다. 예를 들어 '나는 긍정적인 사람이야'라고 생각한다고 해서 스스로가 그런 사람이 되는 것이 아니다. 주어진 상황이 무엇이든 긍정적으로 생각한다면 진정으로 긍정적인 사람으로 변하는 결과를 맞이할 수 있는 것이다.

동시에 온갖 문제에 대하여 지나치게 낙관적인 태도를 취하는 것도 위험한 일이다. 그런 태도는 자칫하면 현실성을 외면하고 당면한 문제를 똑바로 바라보지 않으려 하기 쉽기 때문이다. 단지 소극적인 태도에서 벗어나 조금 더 적극적인 모습이 필요하다.

바꿔 말하면, 문제 상황에 직면했을 때 아예 그것에 대해 생각하지 않고 회피하는 것은 안 되지만, 그렇다고 지나치게 걱정해서도 안 된다는 말이다. 생각하는 것과 걱정하는 것은 엄청난 차이를 가지고 있다. 작은 일도 쉬지 않고 노력을 기울이면, 큰 산도 옮길 수 있다는 우공이산의 자세로 임한다면 이루지 못할 꿈은 없는 것이다.

《 반드시 잘되리라고 확신하는 습관을 가져라 》

o 마르쿠스 아우렐리우스는 '우리의 인생은 우리의 사고로 만들어진다.'라고 말했다.

o 노먼 빈센트 필은 '인간은 자신이 생각하는 그러한 자기가 아니며, 생각 그 자체가 그 사람인 것이다.'라고 했다.

우리가 항상 믿음을 가지고 있으면,
세상일은 바로 그 믿음대로 이루어진다.

– 프랭크 라이트

믿음의 법칙

'믿는 대로 이루어질 것이다', '가질 수 있다고 믿어라, 당신은 반드시 얻게 될 것이다.' 등 믿음에 대한 이야기는 언제나 중요하게 다루어졌다. 간디는 언제나 "저 사람이 한 일은 나도 할 수 있고, 한 사람이 한 일은 만인도 할 수 있다."라고 생각하였기 때문에 비폭력 운동을 성공으로 이끌 수 있었다.

세상만사는 마음먹기에 달려있는 것이다. 강인한 신념과 태도로 임하면 비범성이 발견된다. 무엇을 어떻게 생각하느냐에 따라 환경이 역전되고 상황이 반전되기도 한다. 신념 앞에서 불가능은 없고, 믿음 앞에서 문제가 해결되기 때문이다.

나폴레옹은 보잘것없는 가문에서 태어났고 머리도 좋지 않았다. 그래서 학업에 두각을 나타내기는커녕 중간도 가지 못하고 뒤처져 있었다. 육군사관학교 시험도 전체 65명 중에서 46등으로 겨우 통과했다. 그러나 나폴레옹은 결국 어떻게 되었는가? 그는 수많은 전쟁을 성공으로 이끌었고 프랑스의 황제가 되었다.

프랑스에 나폴레옹이 있다면 미국에는 링컨 대통령이 있다. 그는 배운 것 하나 없는 개척 농부의 자식이었고 학교도 초등학교 2학년까지 다닌 게 전부였다. 19살까지 부모님을 도와 고된 농장 일을 해야만 했다. 그러나 그는 포기하지 않고 자신을 믿었다. 혹독한 공부 끝에 변호사가 되었고 그 뒤 미국을 이끄는 대통령이 될 수 있었다.

나폴레옹이나 링컨 모두 우리와 다를 바 없는 평범한 사람이었다. 오히려 평범함에서 뒤처져 있기도 했다. 우수한 두뇌를 가져서 어렸을 적부터 두각을 나타낸 것도 아니었고 체력, 능력, 학력이 뛰어나지도 못했다. 인생 전반기에 그들에겐 어떠한 천재성도 찾아볼 수 없었다. 그러나 그들은 꾸준히 자신이 가고 싶어 하는 길을 찾아 열심히 걸어갔다.

그들에게는 있고 우리에게는 없는 것이라면 바로 믿음일 것이다. 믿음은 그들의 삶을 바꾸어 놓은 신비하고 위대한 힘이었다. 결국은 세상을 변화시키기도 했다. 자기능력에 대한 전적인 확신이 그것들을 가능하게 한 것이다. 여기 버튼 브레일리의 시 한 편을 소개하고자 한다.

간절히 원하는 것이 있다면

　그것을 위해 나가 싸워라

　간절히 원한다면 미쳐야 한다

　절대 지쳐서도 안 된다

　당신이 계획하고 꿈꾸는 무엇이 있다면

　오직 그것을 위해 기쁘게 땀 흘릴 수 있다면

　그것을 안달하라 계획하라

　두려움을 버려라

우리는 이 시에서도 인생과 스스로를 어떻게 믿어야 하는지 답을 찾아낼 수 있다. 사람은 자신이 생각하는 대로 만들어진다. 스스로 마음속에 그려온 그 모습대로 이루어지는 것이다. 그래서 믿음이 우리의 삶에서 중요할 수밖에 없다.

산업심리학의 아버지이자 노스 웨스턴 대학의 총장이기도 했던 월터 딜 스코트는 연구를 통해 다음과 같은 사실을 발견해냈다. '실패와 성공은 능력이 아니라 정신적인 태도에 따라 결정된다.' 마르쿠스 아우렐리우스가 말한 바와 같이 한 사람의 삶은 그가 지닌 생각이 결정한다는 것을 연구로써 밝혀낸 것이다.

목적을 이루는 가장 좋은 방법은 이미 성공한 사람처럼 자기 자신을 그려 보는 것이다. 마음속으로 높은 판매실적을 올리는 영업 사원은 실제로도 탁월한 실적을 올리고, 마음속으로 멋지게 홀인원을 하는 상상을 하면 실제로 그것을 칠 수 있게 된다. 이미 심리학

및 종교 분야에서는 생각하는 습관이 그 사람의 미래를 결정한다는 사실을 일찍이 강조하고 있다.

사람들은 흔히 자신이 할 수 없는 이유를 이야기하면서 한계를 정한다. '그건 내 방식이 아니다'라고 말하는 것은 정확히 표현하면 '그건 내가 생각하는 방식이 아니다'라고 말하는 것이다. 그저 그렇게 해 볼 것을 두려워하고 있는 모습일 뿐이다.

공포는 즐기는 것이라고 생각하고, 불안은 사랑하는 것이라고 마음먹으면 의외로 두려움이 사라지면서 대범해질 수 있다. 누구나 자주 공포와 불안을 느낀다. 그것을 느낀다고 지나치게 좌절할 필요가 없다. 행복이나 즐거움과 마찬가지로 자신이 느끼는 감정 중 하나이고 영원히 지속되는 것이 아니다. 그러니 그 공포와 두려움에 짓눌려있기보다는 당장 느끼는 감정을 정확히 파악하고 인정하는 것이 더 도움이 된다.

어떤 사람은 부유함과 학벌을 존중해 주어야 한다고 얘기한다. 부유함과 학벌이 다른 사람들로부터 구별되는 중요한 사람의 특징이라고 생각하고 있는지도 모른다. 하지만 그런 태도를 바꾸지 않는다면 계속해서 고통스러울 수밖에 없다. 자신의 행복이 다른 사람들 손에 달려 있기 때문이다. 부유함과 학벌을 남들과 비교하면서 자신이 중요한 사람임을 남들에게 증명 받지 않아도 된다.

남들에게 인정받는 존재가 되려는 생각으로부터 벗어나야 한다.

남에게 인정받기 위해 하는 행동은 스스로에게 엄청난 스트레스를 준다. 그러한 중요한 인물이 될 필요가 없는 순간부터 우리는 편해질 수 있다. 다른 사람으로부터 존경받아야 한다는 부담감을 버린다면 오히려 더 많은 존경을 받을 수도 있다.

우리는 우리를 가난하고 불행하게 만드는 모든 믿음을 제거해야 한다. 도움이 되지 않는 믿음은 과감하게 버리는 것이 좋다. 그 믿음이 맞고 틀리고의 문제가 아니라, 자신에게 고통을 주기 때문이다. 특히 '해야 한다'라고 말하는 믿음은 조심해야 한다. '사람들이 나의 장점을 알아주어야 한다'와 같은 믿음은 합리적인 기대로 보일 수도 있지만 사실 우리에게 도움이 되지 않는다. 현실은 그런 믿음과 상관없이 움직이기 때문에 그 믿음이 이루어지지 않으면 절망감으로 되돌아온다.

믿음은 삶의 질을 결정하기도 한다. 무엇이건 우리를 고통스럽게 하는 생각은 단지 자신의 생각에 불과하다. 우리의 마음가짐이 부정적인 한, 인생에서 일어나는 일이 모두 재난이라고 믿는 한 삶은 계속해서 재난일 것이다. 삶 속의 사건은 우리가 기대하는 대로 전개된다.

상황에 대한 믿음을 바꾸는 순간, 달라진 생각이 다른 사람들과의 새로운 기회를 불러일으킬 수 있다. 가끔은 단지 재미를 위해 시간을 내 보는 것도 좋다. 허리가 굽도록 일만 하는 것은 인생이 투쟁의 연속일 뿐이라는 생각을 굳힌다. 느긋하게 인생을 즐기는 것도 연습이 필요한 일이다.

세계적인 개인주의 심리학자 웨인 다이어 박사는 자신의 저서에 이렇게 적었다. "만약 자신이 행복해지고 부유해지길 원한다면, 오로지 행복과 부유해지는 방법만 생각하고, 사람들과도 그것에 대해서만 이야기를 나누어라. 그리고 자신이 믿는 대로 행동하라. 뜻이 있는 곳에 길이 있다는 말을 기억하라."

만약 무언가를 원한다면 그것을 먼저 주어야 한다. 말이 안 된다고 느껴질 것이다. 하지만 농부가 많은 씨앗을 얻으려면 먼저 수많은 노력을 기울이지 않으면 안 된다. 미소를 받고 싶다면 먼저 미소를 지어야 하고 사람들의 도움을 받고 싶다면 먼저 그들을 도와야 한다.

주는 것에도 비결이 있다. 바로 아무것도 바라지 않는 것이다. 만약 무언가를 바라고 준다면 우리는 대가에 더 집착하게 된다. 인생은 철저한 주고받기가 아니므로 그렇게 집착하게 되면 받을 수 있는 가능성은 더 줄어든다.

할 수 있다고 믿는 사람만이 성공한다. 자신감을 위해 노력할 때 성공할 수 있는 실제적인 능력이 자라날 수 있는 것이다. 자신감 넘치는 생각은 물론 성공하기 위해 본인에게 주어진 일을 할 수 있을 때까지 최선의 노력을 다하면, 자신감이 무의식 속에 생겨 자신감에 따라 행동함으로써 생각한대로 이루어지고, 성공과 부가 내 앞으로 다가올 것이다.

자신의 가치에 대해 밝고 희망적인 생각을 하지 않으면 더 위축되고 소심해져 스스로를 과소평가하게 된다. 본인이 과소평가하고 있는데 남들이 나를 제대로 평가해줄 리 없다. 주변 사람에게 더욱 과소평가될 것이다.

끊임없이 희망하고 전진하는 사람은 그렇지 않다. 그들은 자신에게 더 많은 가치가 있다고 믿는다. 자신이 프로라고 생각하고 중요한 인물이라고 생각한다. 사고방식이 그 사람을 만드는 것이다. 그것을 진심으로 믿어야 한다. 스스로 진취적이어야 한다. 크게 믿을수록 크게 될 수 있기 때문이다.

하버드 대학의 윌리엄 제임스 박사는 확신과 믿음이 현실을 만든다고 믿었다. 최악의 믿음은 자신의 한계를 스스로 단정 지어버리는 믿음이다. '나는 이것을 하지 못할 것이다'라고 믿는 것이 이에 해당한다. 부정적인 믿음은 습관으로 발전해서, 어떤 일을 하든 언제나 부정적인 믿음을 가지게 될 것이다.

좋은 습관을 만들어 갈 때 가장 중요한 단계는 스스로 한계를 짓는 믿음에 자꾸 도전하는 단계이다. 도전은 스스로 어떤 제한도 받고 있지 않다고 생각될 때 시작된다. 마음에 간직한 어떤 일도 할 수 있다고 믿는 순간, 그 믿음을 현실로 만드는 길이 열리는 것이다. 결국 자신의 인생이 통째로 바뀌게 된다.

미국 노스웨스턴 대학의 심리학 교수 R. 골드 박사는 다음과 같이 이야기했다. '우리는 지금까지 알지 못했던 인간 정신력 탐구의 일보 직전에 있다.' 우리는 언제나 스스로의 지배적인 사고 경향의 아래에 있다. 외부세계의 모든 일은 내부세계에 존재하는 생각에 의해 통제되고 결정되는 것이다. 그러니 우리는 생각한 대로 이룰 수 있다. 성공하기 위해서라도, 자기 자신을 믿어라. 스스로 성공할 것을 확실히 믿어야만 한다.

확신을 가지고 소망하는 것은 무엇이든 자신의 성공에 대한 예언이 된다. 다르게 말하면 당장 원하는 바를 얻지 못하더라도 언젠가는 소망하는 바를 이룰 수 있다는 뜻이다. 성공한 사람은 성공하기 이전에 성공할 수 있기를 소망한다. 행복한 사람은 행복해지기에 앞서 꿈을 꾸었고, 사랑받는 사람은 사랑받기를 소망했던 사람들이다. 그들 모두는 인생에서 좋은 일이 일어나리라고 소망하는 습관을 익힌 사람들이었다. 마음의 힘을 통해 신념이 깊어지고 자신의 생활에 그것을 응용하는 도전들이 진행되어 꼭 성취하리라는 신념을 가져야 한다. 그런 생각을 마음속에 간직한 사람이라면 누구든지 그 목적을 이룰 수 있을 것이다.

인생은 마음먹은 대로 되어간다. 믿음은 마술도, 신비도 아니지만 '나는 실제로 그것이 가능하다'라고 믿는 태도는 그것을 실행하는 데 필요한 힘, 기술을 분명히 가져다준다. 할 수 있다고 믿으면 자연히 길은 열리게 되어 있다.

　요즘 젊은 사람들 사이에서 창업이 새로운 트렌드로 자리 잡고 있다. 그들은 언젠가 성공해서 최고의 자리에 앉기를 바란다. 그러나 대다수는 거기까지 도달하기 위한 구체적이고 확고한 신념이 없다. 최고의 위치에 오르지 못하는 것은 당연한 것이다. 태도가 보통사람의 것인데 어떻게 비범한 사람이 될 수 있겠는가.

　반면, 그들 중 소수는 정확하고 구체적인 신념을 가지고 있다. 자신이 꼭 성공하여 부자가 될 수 있다고 믿으며 그 믿음을 실현해 나갈 행동규범도 가지고 있다. 그들은 수많은 성공한 사람들의 사례를 분석하고 많은 방법을 이용한다. 어떻게 문제를 해결하고 의사결정을 하는지 배운다. 자신만의 독자적인 방법을 발견하는 데에도 게으름을 피우지 않는다.

　그렇기에 신념이 강하면 강할수록 수단과 방법을 찾는 것이 더 쉬워진다. 또, 그런 사람일수록 남에게 신뢰를 주기도 쉽다. 성공에 대한 믿음은 성공하기 위한 기본이고 본질이다. 정말로 성공할 수 있다고 믿는다면, 그것이 신념으로 자리 잡았다면, 우리는 실제로 그렇게 될 수 있다.

　물론 신념이 있다고 다 되는 것은 아니다. 신념을 강화하는 방법도 필요하다. 첫 번째로 항상 성공을 생각하고 실패를 생각하지 않는 태도가 필요하다. 곤란한 상황에 직면했을 때에는 잘못될지도 모른다고 생각하는 것보다 극복할 수 있다고 생각하는 것이 문제해결에 더 도움이 된다. 기회가 찾아오면 소극적으로 움츠러들지 말고 '나라면 그것을 할 수 있다'라고 믿고 끝까지 밀고 나가야 한다. 성공을 생각하면 우리의 마음은 성공을 낳는 계획을 만들지만 실패를 생각하면 우리의 마음은 실패를 낳는 생각을 만들기 때문이다.

두 번째로는 자신이 유능하다는 사실을 기억하는 것이다. 성공한 사람은 모든 방면에서 뛰어난 사람이 아니다. 애초부터 천재성을 가지고 있는 사람도 드물다. 성공은 신비한 것도 아니고 초능력을 필요로 하는 것도 아니다. 그들은 자기가 하는 일에 신념을 가진 '보통 사람'일 뿐이다. 자신이 아무것도 가지지 않았다고 생각하지 말아야 한다. 자신을 값싸게 여겨서는 안 된다.

마지막으로 크게 믿어야 한다. 성공의 크기는 신념의 크기이다. 작은 목표로는 작은 결과밖에 기대할 수 없다. 큰 목표를 생각하면 자연히 큰 결과를 얻을 수 있다. 큰 생각이나 큰 계획이 더 수월하게 이루어지는 경우가 많다.

생각과 말은 상관관계이다. 사람은 경험을 통해 생각을 형성시키기도 하지만 말을 몇 번 하다 보면 그것 또한 생각으로 굳어진다. 이처럼 서로 영향을 주기에 생각은 입버릇을 만들고 입버릇은 생각을 만든다고 표현하기도 한다. 그러므로 '나는 마음먹은 건 무엇이든 할 수 있다'라는 말을 반복해 스스로 믿게 만들어야 한다. 중요한 것은 매일 의식적으로 자기 평가와 자기 확신을 높이는 말을 스스로에게 해주는 습관이다. 긍정적인 말과 상상, 생각으로 마음을 채울수록 더 자신 있고 걱정이 적은 사람이 될 수 있다. 자신을 사랑하는 마음이 커질수록 무슨 일을 하든 잘된다는 것은 불 보듯 뻔한 일이다.

인생은 짧다. 진로를 선택할 때 스스로 할 수 있는 일이 무엇이고 하고 싶은 일이 무엇인지 잘 선택해야 한다. 그리고 정말 원하는 것이 무엇인지 고심해서 선택의 폭을 줄여나간 후에 일을 선택해야 한다. 자신이 골똘히 생각하는 모든 것은 삶 속에서 자라나 영역을 넓혀나간다. 이것을 집중의 법칙이라고 한다. 그러니 집중해서 정말 소망하는 것을 골라야 한다.

또한, 의식세계에서 반복하는 모든 생각과 목표는 결국 무의식으로 흘러들어가기 때문에 그에 따른 잠재의식을 간과하지 말아야 한다. 잠재의식은 의식이 만들어낸 모든 생각과 계획, 목표를 받아들이고 결국 그것을 현실화하는 데 큰 공을 세운다. 그러므로 우리는 할 수 있다고 생각한 모든 일을 할 수 있다. 이 잠재의식은 무한한 가능성을 향해 활짝 열린 문이다.

미술가, 과학자, 문필가들은 자기 분석을 하지 않더라도 잠재의식이 얼마나 중요한지를 잘 알고 있다. 예술가 중에 흔히 영감이라는 잠재의식의 출현을 경험하지 않은 사람은 아마 없을 것이다. 프랑스의 심리학자 G. 켈레는 '잠재의식과 현재의식이 잘 조화되어 작용하면 인생에 있어 최대의 성공을 거둘 수 있다.'라고 말했다. 잠재의식을 활용하려면 마음의 그림을 그려야 한다. 생각을 움직여서 바라는 물건이나 지위를 실제로 가지고 있는 것처럼 완전하게 그려서 바라보는 일이 필요하다.

이상적으로 생각하는 미래나 본받고 싶은 사람에 대해 명확히 알고 사고하면 할수록 우리는 더 빨리 변해간다. 미래에 대한 이상적인 비전을 현실로 만들 기회도 쉽게 얻게 된다. 우리는 감탄하는 방향으로 이끌려가기 때문이다.

하버드 대학교 교수 데이비드 맥클랜드는 '사람은 절대적으로 믿어야 한다.'라고 주장하였다. 강한 믿음은 현실적이고 믿을 수 있으며 실행가능해지는 목표를 준다. 또한 목표를 시각화하는 것을 함께 강조하였다. 목표를 글로 적고 그것을 이룬 것처럼 행동하면 욕구가 커지고 할 수 있다는 믿음도 강화되기 때문이다.

미국 교육학자 로젠탈과 제이콥슨은 피그말리온 효과를 설명한 것으로 유명하다. 이것은 긍정적인 기대나 관심이 사람에게 좋은 영향을 미친다는 이론이다. 자기 충족적 예언이라고도 하는데 잘 해결될 것이라고 생각하면 잘 해결되고, 안 될 것이라고 생각하면 안 되는 경우도 포함한다. 이 또한 믿음을 가지는 것이 얼마나 중요한지를 알려주는 중요한 근거이다.

사고는 정신적인 작용의 일종이다. 사고에 대해 깊이 연구하고 생각할수록 그것이 엄청난 위력을 가지고 있다는 것을 실감할 수 있다. 미국의 철학자 랠프 에머슨은 우리의 모든 행동근원이 사고라고 하였다. 그 말에 따르면, 우리가 사는 세계는 사고에 의해 지배되고 있으며 세상의 모든 것은 본질적으로 마음속에 그 대상물이 있다는 것이다. 즉, 세상의 모든 것은 우리의 사고에 의한 산물인 것이다.

아일랜드의 작가 조지 러셀은 '우리가 그렇게 되려고만 하면 자신이 마음먹은 대로의 사람이 될 수 있다'라고 말했다. 스스로 그것을 입증하려는 듯이, 러셀은 그의 소망대로 작가, 웅변가, 화가, 시인이 되었다. 그러나 우리가 가진 신념이나 관념 대부분은 자신의 것이 아니라 다른 사람들의 사고에서 영향을 받은 것이다. 그러니 그 점을 유의해서 정말 남들이 뭐라고 하든지 흔들리지 않는 자신만의 신념을 갖는 것이 무엇보다 중요하다.

의사 패러셀서스는 이렇게 말했다. '인간의 정신은 어느 누가 표현할 수 없을 만큼 위대하다. 우리가 인간의 마음을 바르게 파악한다면 세상에서 못 할 일이란 없을 것이다. 신념은 상상을 실현한다. 왜냐하면 신념은 강한 의지를 확립시키기 때문이다.'

《믿음의 법칙》

○ '믿는 대로 이루어질 것이다', '가질 수 있다고 믿어라. 당신은 반드시 얻게 될 것이다.'

○ 사람은 자신이 생각하는 대로 만들어진다. 스스로 마음속에 그려온 그 모습대로 이루어지는 것이다.

○ 실패와 성공은 능력이 아니라 정신적인 태도에 따라 결정된다.

○ 자신이 믿는 대로 행동하라. 뜻이 있는 곳에 길이 있다.

○ 할 수 있다고 믿는 사람만이 성공한다.

○ 성공의 크기는 신념의 크기이다. 큰 목표를 생각하라

우리는 우리가 늘 생각하는 것이 된다.
그것이 가장 묘한 비밀이다.

– 얼 나이팅게일

생각이
운명을 바꾼다

비교할 수 없을 만큼 더 강력한 힘을 가진 것이 바로 부정의 부정이다. 만약 자신을 둘러싼 불행의 요인이나 환경을 한 번 더 뒤집어 버린다면 오히려 긍정의 힘이 나타날 수도 있다.

환경이 우리의 생각을 지배한다는 주장은 쉽게 접할 수 있는 오류이기도 하다. 실제로는 생각이 환경을 지배한다. 물이 컵에 반이 있을 때 당연히 '물이 반밖에 남아있지 않았다'는 사람과 '아직도 반이나 남아있다'는 사람이 각각 느끼는 행복의 정도는 다르다. 후자의 사람이 더 행복함은 두말할 필요가 없을 것이다.

그 밖에도 긍정적인 생각이 삶을 바꾸는 예는 얼마든지 많이 들수 있다. 때로는 그런 생각이 의학적으로 설명하기 어려운 기적을 선사하기도 한다. 그만큼 긍정의 힘은 우리가 상상하는 것 이상으로 강력한 힘을 발휘한다.

또 다른 예로 두 수녀의 글이 있다. 첫 번째 수녀는 세실리아 오페인이라는 수녀인데 종신서원을 할 때 이렇게 자신의 삶을 소개하는 글을 썼다.

> 주님께서 헤아릴 수 없이 귀한 은총을 내게 베푸시어 인생을 잘 출발하도록 이끌어 주셨습니다, 수련수녀로서 노트르담 수녀회에서 학습하며 보낸 세월 동안 나는 참으로 행복했습니다. 지금 나는 '성스러운 성모마리아'의 수도복을 받고 '사랑의 하느님'과 더불어 살아가기를 크나큰 기쁨으로 간절히 바라고 있습니다.

그리고 마거리트 도넬이라는 수녀는 비슷한 시기에 종신서원에서 이러한 글을 남겼다.

> 나는 1890년 9월 26일, 2남 5녀 중 맏이로 태어났습니다. 수도회 본원에서 수련수녀로서 지낸 첫해는 화학을 가르쳤고, 그 다음해는 노트르담 학교에서 라틴어를 가르쳤습니다. 하느님의 은총으로 나는 수도회와 전교활동을 위해 그리고 내 자신의 영적 성적을 위해 최선을 다할 생각입니다.

두 수녀의 차이가 느껴지는가? 세실리아 수녀는 '행복하다', '크나큰 기쁨' 등 활기 넘치고 동적인 단어를 사용한 반면, 마거리트 수녀는 정적이고 차분한 단어만을 사용하였다. 대수롭지 않아 보이는 차이겠지만 놀라운 현상이 나타났다. 긍정적인 단어들을 사용한 세실리아 수녀는 큰 병치레 없이 아흔 살을 훌쩍 넘겼다. 감정을 표현하지 않았던 마거리트 수녀는 59세에 짧게 생을 마감했다.

당시 연구팀은 두 수녀 외의 수련수녀 180명에게도 글을 쓰도록 요청하였다. 결과는 위의 두 수녀의 사례와 거의 비슷하게 나타났다. 긍정적이고 활기찬 정서를 아낌없이 드러낸 수녀의 90%가 85세 이상을 살았다. 감정을 잘 드러내지 않았던 수녀들은 85세 이상을 산 비율이 34%밖에 되지 않았다. 이로써 긍정적인 생각과 표현이 장수에 큰 영향을 미친다는 것이 증명된 셈이다.

캘리포니아 버클리 대학교의 캘트너와 하커 교수는 미소와 행복의 관계를 밝혀내는 연구를 시작했다. 긍정적인 생각과 감정이 행복에 큰 영향을 미친다는 것을 밝히기 위함이었다. 그들은 1960년에 졸업한 학생들을 대상으로 졸업사진을 조사했다. 대부분 기념할 만한 축하의 날에 이왕이면 가장 멋진 모습을 사진에 담고 싶어 할 테니 졸업사진을 찍을 때 미소를 짓는 것을 망설이는 사람은 없을 것이었다. 캘트너와 하커 교수는 여학생 141명 중 3명만이 웃지 않고 있는 것을 확인한다.

나머지 웃고 있는 사람들 중에서도 진심으로 웃는 사람은 절반 정도에 지나지 않았다. 그러한 '진짜 미소'에 대해 처음으로 언급한 사람이 뒤센이므로 '뒤센 미소'라고 불리기도 한다. 이러한 '뒤센 미소'는 양 입꼬리가 위로 올라가고 눈꼬리에 주름이 잔뜩 생긴다. 반면에 가짜 웃음은 이런 특징이 전혀 나타나지 않는다.

두 교수는 진짜 미소를 지었던 여학생들이 27살, 43살, 52살이 될 때마다 결혼이나 생활만족도 부분을 조사했다. 결과는 놀라웠다. 졸업사진에서 진짜 미소를 짓고 있었던 학생들은 대부분 행복한 결혼 생활을 유지하고 있었고 만족도도 매우 높았다. 진짜 웃음, 즉 긍정적인 정서를 지닌 학생들이 세실리아 수녀처럼 행복을 누릴 수 있었던 것이다.

이 두 가지 연구를 통해 행복은 어떤 객관적인 조건 아래에서 주어지는 것이 아니라는 것을 알 수 있다. 그것은 스스로 얼마나 긍정적으로 생각하느냐에 따라 결정되는 것이다. 생각은 씨앗과 같은 것이기 때문에 부정적 생각이라면 부정적인 결과를 초래하는 열매가 자라날 것이고, 긍정적 생각에선 행복, 기쁨 등과 같은 긍정적이고 희망찬 열매가 무럭무럭 자랄 것이다. 결국 자기 마음에 부정적인 열매를 맺게 할지 그 반대의 긍정적인 열매를 맺게 할지는 자신에게 달린 것이다.

'웃는 얼굴에 침 뱉으랴'라는 속담이 있듯이, 우리는 예로부터 웃는 사람에게 종종 무장해제 되곤 했다. 인간의 몸에는 약 650여 개의 근육이 있다. 그중 얼굴 근육은 80여 개 정도이고, 웃을 때 쓰는 얼굴 근육은 42개 정도이다. 모든 웃음이 다 '진짜 웃음'은 아니다. 정서심리학자인 폴 에크만은 얼굴 근육을 조합하여 모두 19가지 웃음을 만들 수 있다고 주장했다. 광대뼈와 입술가장자리를 연결하는 협골근, 입술가장자리 근육인 구륜근이 대부분의 웃음에 사용되

성공하는 사람들의 특징

는 근육이다. 그런데 그중 진짜 웃음은 단 한 가지뿐이다. 그 진짜 웃음은 눈 가장자리 근육인 안륜근으로 구별해낼 수 있다. 안륜근은 의도적으로 움직이기가 매우 어렵다.

웃음은 상대방과의 거리를 쉽고 빠르게 줄여준다. 필자는 인생을 살아가면서 그 효과를 톡톡히 봤다. 미소 덕에 처음 만나는 사람과도 교감이 쉽게 이루어지고 사뭇 딱딱한 자리도 부드럽게 시작된다. 정식으로 인사를 나누지 못한 사이라도 평소에 웃는 모습을 많이 본 사이라면 이미 아는 인연인 것처럼 대하는 사람도 많다.

이 간단하고 강렬한 무기인 미소로 우리는 쉽게 행복해질 수 있다. 행복해서 웃는 게 아니라 웃어서 행복해진다는 말도 있지 않은가? 주변의 모든 이들이, 더 나아가 세상의 모든 이들이 웃음으로 이웃이 될 수 있다고 믿는다. 웃음은 충분히 그렇게 할 수 있는 힘이 있다.

웃기 위하여 미소를 지을 때 심혈관계의 안정성이 좋아져서 스트레스가 줄어든다는 연구결과도 있다. 웃음이 심리적인 안정감을 가져오는 것이다. 이뿐만이 아니라 뇌에서도 변화가 나타난다. 대뇌 중에서도 목표지향적인 행동을 하도록 지시하는 영역이 활발히 작동한다. 이 부분의 활성화로 인해 우리는 좀 더 집중하기 수월해지고 목표에 충실할 수 있다.

다른 사람의 미소를 보는 것도 자신에게 영향을 미친다. 웃음을 보는 것만으로도 뇌에서 도파민이 분비되어 그 상대에게 좀 더 다가가고 싶은 마음이 생기는 것이다. 결국 웃음은 자신과 상대방의 마음을 무장해제 시켜서 새로운 만남을 가능하게 한다. 9개월 된 아이의 엄마가 전혀 미소를 짓지 않을 경우, 아이는 새로운 탐색도 하지 않고 어떤 것에도 흥미를 가지지 않는다. 엄마의 미소가 아이의 마음을 열고 미지의 외부세계로 가게 해주는 시작점이 되는 것이다.

앞서 언급한 미소와 웃음은 모두 눈 옆주름인 안륜근이 움직이는 '진짜 웃음'이다. 입꼬리만 양옆으로 올리는 미소는 긍정적인 변화를 가져오지 않는다.

웃겠다고 생각하고, 또 그 생각이 어쩌면 운명을 바꿀 수도 있다고 믿는 것은 허황된 이야기가 아니다. 그것이 충분히 이루어질 수 있다고 앞선 사례에서 증명해주고 있다. 생각의 힘은 위대한 잠재력을 가지고 있기 때문에 우리가 그 크기를 가늠하기조차 어렵다. 빛보다 빠른 속력의 생각은 거대한 성취감을 가지고, 동시에 무서운 파괴력도 함께 지니고 있다. 그래서 생각만으로도 성공과 파멸이 정해지는 것이다.

계획하고 꿈꾸는 일들이 이루어지길 바란다면, 한 치의 의심도 없이 믿음을 가져야 한다. 희망적인 생각과 비전을 한 순간도 버려서는 안 된다. 원하는 대로 되지 않았을 때 쉽게 포기하려는 마음을 먹어서도 안 된다. 부정적인 생각은 문제를 직면하지 못하도록 막는다. 회피했던 일들은 잔뜩 엉켜서 다시 자신에게로 돌아올 뿐이다.

말의 빼기 공식을 익혀야 한다. '못 한다'고 하면 할수록 부정주의
자가 될 뿐이고, '안 된다'고 하면 할수록 불신주의자가 될 뿐이다.
'못 한다'의 '못' 자를 빼고 '한다'로 바꾸어야 하며, '안 된다'의 'ㄴ'
을 빼고 '아, 된다'로 말하는 습관을 들여야 한다. 이렇게 언어가 변
화하면 자신감이 샘솟고 용기가 넘친다. 그러기 위해선 생각에 영
양분을 주어야 한다. 생각에 영양분을 주는 방법은 좋은 말을 하는
것이고 그 좋은 말은 감동적인 글을 읽을수록 늘어난다.

'마음을 다스리는 글'을 소개하고자 한다. 좋은 글을 큰 소리로 낭
독하고, 자신의 생각을 바꾸어 나가면 충분히 우리의 운명은 바뀌
게 될 것이다.

복은 검소함에서 생기고 덕은 겸양에서 생기며 지혜는 고요히 생각하
는 데서 생기느니라.

근심은 과욕에서 생기고 재앙은 물욕에서 생기며 허물은 경망에서 생
기고 죄는 참지 못하는 데서 생기느니라.

눈은 조심하여 남의 그릇됨을 보지 말고 맑고 아름다움을 볼 것이며
입을 조심하여 실없는 말을 하지 말고 착한 말 바른 말을 하라.

부드럽고 고운 말을 언제나 할 것이며 몸을 조심하여 나쁜 친구를 사
귀지 말고 어질고 착한 이를 가까이하라.

어른을 공경하고 덕 있는 이를 받들며 지혜로운 이를 따르고 모르는
이를 너그럽게 용서하라.

오는 것을 거절 말고 가는 것을 잡지 말며 내 몸의 대우 없음에 바라
지 말고 일이 지나갔음에 원망하지 말라.

남을 해하면 마침내 그것이 자기에게 돌아오고 세력을 의지하면 도리어 재화가 따르느니라.

조상을 잊지 말고 효성은 후세에 교훈이 되느니라.

《생각이 운명을 바꾼다》

○ 긍정적이고 활기찬 정서를 아낌없이 드러냈던 수녀의 90%가 85세 이상까지 살았다.

○ 진짜 미소를 짓고 있었던 학생들은 대부분 행복한 결혼 생활을 유지하고 있었고 만족도도 매우 높았다.

○ 행복해서 웃는 것이 아니라 웃어야 행복하다.

○ 미소를 지을 때 심혈관의 안정성이 좋아지고 스트레스가 줄어든다.

○ 말의 빼기 공식을 익혀야 한다.

일은 자발적으로 해야만
존엄성을 가질 수 있다.

– 알베르 카뮈

열정을 갖고
행동하라

열정을 가지고 행동하는 것은 상상도 못 하는 결과를 가지고 온다. 정주영 현대 창업주가 크게 성공한 비결이 바로 열정이었다. 그는 『시련은 있어도 실패는 없다』는 책 제목처럼 '길이 없으면 찾고 찾지 못하면 뚫어라'라는 신념을 끝까지 고수해 나아갔다.

큰 성공을 거머쥔 사람은 불타는 열망을 가지고 적극적으로 행동하는 사람이다. 열정은 어떤 두려움과 장애가 닥치든지 굴하지 않고 힘차게 나아갈 수 있도록 해준다. 역사상 모든 위대한 업적은 열정 없이 이루어지지 않았다. 운동선수, 예술가, 과학자, 사업가, 명강사 등 그 누구도 크게 되고자 하는 열정 없이 성공하거나 위대해질 수 없다.

김쌍수 전 LG 전자 부회장은 '꿈을 현실로 바꾸는 사람이란 쉽고 편한 길을 택하기보다는 꾀부리지 않고 한 걸음씩 성실하게 하루하루를 살아가는, 평범하지만 비범한 사람들이다.'라고 말했다. 이처럼 성공하는 사람은 매사에 사고방식과 표현이 긍정적이고 밝다. 가장 중요한 것은, 그들은 어떤 일이든 적극적이다. 어떻게 해야 더 좋을 수 있을지 끊임없이 연구하며 실천에 옮긴다.

제갈성렬이라는 스피드 스케이팅 선수는 아시아에서는 상위권이었지만 세계 순위는 20위 밖에 머물러 있었다. 그가 빙상월드컵에 참가하기 위해 미국 미네소타 공항에 내렸을 때 한 의사가 그를 기다리고 있었다. 그 의사는 어떤 교포 여학생을 살려야 한다며 도와달라고 말했다. 여학생은 발레리나를 준비 중이었고 꿈을 위해 미국까지 유학을 왔는데 불의의 교통사고를 당한 것이었다. 그 뒤로 그녀는 삶의 의미를 잃고 모든 치료를 거부한 채 발레도 포기했다.

제갈성렬 선수도 큰 부상을 입은 적이 있었기 때문에 그 여학생의 마음을 잘 알았다. 하지만 그녀는 한걸음에 찾아온 제갈성렬에게 눈길조차 주지 않았다. 대충 말 몇 마디로 설득하려고 찾아왔다고 생각했던 것이다. 그는 그런 그녀를 보면서 이렇게 이야기를 시작했다. '이번 올림픽에서 내가 널 위해 금메달을 따주마. 내가 약속을 지키면 너도 재활치료 받고 발레를 포기하지 않겠다고 약속해달라.'라고 주문했다.

그의 세계 순위는 20위권 밖. 금메달은 어불성설이었다. 애초에 불가능한 약속이었을지도 모른다. 하지만 그는 학생의 인생을 살려야 한다는 굳은 일념으로 죽을힘을 다해 달렸다. 그리고 금메달을 두 개나 따내는 기적을 이루어냈다. 다음날 교민축하행사에 그 여학생이 휠체어를 타고 나타났다. 몸을 가누지도 못하던 소녀는 아무의 도움도 받지 않고 목발을 짚은 채 제갈성렬 선수에게 다가갔다. 그리고 눈물을 흘리며 재활치료를 받겠다고 약속했다. 이처럼 한 사람의 열정이 주변에 미치는 영향은 가히 파급적이라고 할 수 있는 것이다.

강의를 할 때도 마찬가지이다. 진정성 있는 강의는 청중을 감동시키고 동기를 부여할 수 있도록 돕는다. 열과 성을 다해 애타는 심정으로 진정성 있게 강의하는 것이 바로 상위 1% 명강사들의 비법이다.

그러나 강의뿐만 아니라 많은 분야에서 우리가 최선을 다해야 하는 이유는 사람들을 감동시키기 위해서가 아니다. 물론, 제갈성렬 선수처럼 남에게 감동을 주기도 하지만, 가장 본질적인 이유는 최선을 다할 때 비로소 스스로 즐거울 수 있기 때문이다.

광동제약 최수부 회장은 12살이라는 어린 나이에 여덟 식구의 생계를 책임지는 소년가장이었기 때문에 초등학교를 중퇴할 수밖에 없었다. 24세의 나이에 고려인삼사라는 작은 제약회사의 영업사원이 되었는데 그는 그때부터 한 가지 원칙을 내세웠다. '물건을 팔 것이 있으면 지옥에라도 간다.'

그는 자신이 좋은 약을 소개해줌으로써 시민들의 건강이 더 나아질 수 있다고 믿었고, 스스로를 건강의 파수꾼이라고 생각했다. 시민들이 약을 사지 않는 것은 아직 약에 대한 믿음을 가지지 못했기 때문이라고 생각했다. 그래서 더욱 당당하게 약의 효능을 알려야 한다고 생각했다. 이런 신념 덕분에 그는 훌륭한 영업사원으로 이름을 떨치게 되었다.

이런 노력의 결과, 그는 28살의 나이에 자본금을 모아 제약회사를 설립하게 되었고 열심히 일해 회사를 크게 키웠다. 이 과정에서 위기가 없었던 것은 아니다. 1997년 말에 외환위기로 1차 부도를 맞기도 하였고, 또 7억 원을 사기당하기도 하였다. 하지만 그는 노동조합이 상여금 전액을 자진 반납할 정도로 직원들의 신뢰를 받고 있었다. 또한 '30분 조기출근과 30분 일 더 하기 운동'을 실시해서 위기를 극복할 수 있었다.

요즘 영업사원은 청년들 사이에서 인기가 없다. 중소기업도 인기가 없다. 일이 힘들고 고되기 때문이다. 그러는 동안 청년실업은 이태백이십대 태반이 백수이라는 신조어를 남기며 점점 심각해지고 있다. 열정은 중요한 재능과 연결되어 있다. 열정과 재능이 만나면 목표한 것 이상의 성취를 이뤄내는 큰 파급력을 가지게 된다.

필자의 경험을 들어 보려 한다. 1982년 3월, 군 제대 후 집안 형편도 어렵고 장남으로서의 의무도 무겁게 짊어지고 있던 필자는 여러 직업 중에서도 안정적인 직업인 공무원이 되기 위하여 집에서 열심히 공부해서 충청북도 공무원 시험에 합격하였다.

따라서 1983년 1월 1일자로 '우륵이 가야금을 타던 곳'이라는 데에서 유래하고, 1592년선조 25년 임진왜란 때 도순변사 신립 장군이 적은 병력으로 출전하여 배수진을 치고 왜군과 대결하였으나 중과 부적으로 패전했던 곳이자 충청북도 기념물 제4호인 탄금대를 관할하는 충주시 칠금동사무소에서 첫 공직생활을 시작하였다.

1984년 3월까지 충주에서 공직생활을 하였으나 아직은 젊은 나이였으므로 야간대학을 다녀 공무원직장생활과 함께 못다 한 공부를 하고 싶었다. 그래서 1983년 단국대 회계학과에 합격하였고, 어려운 살림에 1년간 휴학하였다. 가능한 충주에서 서울시나 경기도 공무원으로 전출해 야간대학을 다니고 싶었지만, 전출이 안 되어서 의원면직하였다.

1984년 3월 복학하고 나서 낮에는 직장을 다녀야 하는데 법무부 교정직 시험에 합격하였으나 발령이 나지 않아서 일단 단국대학교 앞인 한남동 독서실에서 생활하였다. 일단 숙식이 중요하였으므로 독서실에서 총무를 뽑는다고 할 때 주인아주머니에게 제가 하면 안 되냐고 물었더니 나이가 부담스러운지 안 된다고 하였다.

결국 아침은 한남동 독서실 근처 식당에서 해결하였으나, 점심을 해결하기가 쉽지 않았다. 마침 회계학과에 나이 많은 영길이 형님이 고물장사엿장수를 하고 있었다.

필자도 소개받아 건국대 근처인 구의동에서 낮에는 고물장사를 하며 생활하였고, 점심은 고물상에서 라면이나 빵으로 해결하고, 저녁은 학교식당에서 해결하였다. 무엇보다도 食식, 住주가 생계비에 차지하는 비중이 크므로 해결하여야 하였다. 그러던 중 남영동에서 새벽에 서울신문을 돌리면 아침식사를 해결할 수 있고, 시간나는 대로 틈틈이 아르바이트로 독자확보를 해주면 수당도 주기에 이를 이용한 것이 생계에 많은 도움이 되었다.

전에 시험 본 교정직 발령처는 요사이 유명한 사람들이 많이 거쳐 간 독립문 앞 서울구치소로 1985년 3월 발령을 받았다.

그에 따라 신문과 고물상엿장사을 그만두고 안정적인 공무원 생활을 하였다. 교정직 공무원은 교대근무 등을 하기에 특수수당 등이 있어서인지 타 공무원에 비해 월급은 괜찮은 편이었으나 필자는 야간대학을 다니고 있어서 학업에 어려움이 있었다.

그럼에도 학업과 직업의 꿈을 포기하지 않고 노력한 결과, 마침내 1985년 5월경 서울시 행정직시험에 합격하여 1985년 9월에 서울시 종로구 숭인2동사무소로 첫 발령을 받고 현재까지 서울시에 근무하고 있다.

이처럼 일을 하든, 집에 있든 적극적인 태도를 가져야 한다. 무엇이든 '가능할 것'이라고 생각하고 '나는 잘하고 있다'라는 생각을 해야 한다. 우리가 가진 지식을 창조적이며 적극적으로 사용해야 한다. 태도는 지식보다 더 중요한 것이다. '지금부터 해서는 너무 늦었다.' 같은 생각은 스스로를 더욱 소심하게 만들 뿐이다. 후회하는 것은 그만두어야 한다. 새 출발을 하는 마음으로, 이제부터 시작하는 마음이라면 좀 더 성공에 가까워질 수 있다.

신화나 기적은 불가능에서부터 시작한다. 세상을 빛낸 훌륭한 예술가나 과학자, 음악가들은 처음부터 유능한 사람이 아니었다. 아인슈타인은 4세까지 말을 못 하였고 7세가 되어서야 비로소 글을 읽기 시작했다. 작곡가 베토벤은 작곡가로서는 절망적이라는 평가를 받았고 성악가 카루소는 그 목소리로 절대 성악가가 될 수 없을 것이라는 혹평을 받았다.

스페인의 바이올린 연주가 사라사테는 어떤 비평가가 자신을 천재라고 표현하자 즉시 반박했다. 왜냐하면 '나는 지난 37년 동안 하루에 14시간씩 연습을 하였다. 그러나 그런 것들을 모두 외면한 채 나를 천재라고 부르는 것은 합당하지 않다.'라는 것이다. 사라사테를 바이올린 천재로 만든 것은 정말 천재적인 재능이 아니라 매일 쉬지 않고 연습하는 습관이었다.

필자는 충주상업고등학교를 1972년에 입학하였다. 당시엔 신설 상업고등학교였고, 신설이었던 만큼 음악시간이 없었다. 그런데 이러한 경험의 부재가 발목을 잡곤 했다.

직장생활에서 여러 유대관계상 스피치나 노래를 할 기회가 많았다. 스피치는 학원에서 많이 배워 자신감이 있었으나, 노래는 특별히 배운 기억이 없었다. 가끔 노래방에서 노래를 하면 직원들이 목소리만 크지 박자 등이 안 맞고 울림여운이 없다고 지적하였다.

그래서 어떻게 노래를 잘 부를 수 있을까 생각하고 있던 차에 서울특별시 상수도사업본부 전산과에 근무할 때 서대문구 합동 본사 옆 빌딩에 가요학원이 생겼다. 기회는 이때다 싶어 가요학원에 등록했다. 1달에 20만 원이었던 것으로 기억한다. 학원을 다니면서 몇 개의 노래만 선곡하여 수없이 반복하여 노래를 불렀다. 지금까지 부르고 있는 이문세의 '나는 행복한 사람', 박진도의 '야간열차', 오승근의 '있을 때 잘해' 등을 1백 번 이상 불렀다. 이렇게 반복하여 부르다 보니 차츰 음정박자도 맞고 노래에 대한 자신감도 생겼다.

그러던 2005년 11월경에 전국노래자랑 안산시편 예선전이 있었다. 이참에 그동안 갈고 닦았던 노래실력을 발휘하고 싶어 근무처인 강남수도사업소에서 조퇴를 하고 안산 올림픽 기념 체육관에 도착하여 노래를 부르려고 하였다. 그러나 청중과 예선참가자의 수가 예상했던 것보다 훨씬 많아 깜짝 놀랐다.

사회자는 예선참가자가 500명 참석하였으므로 한 사람씩 1분만 하여도 500분이라 8시간을 노래하여야 한다고 하였다. 그래서 열 명씩 무대 앞에 줄을 서서 앞에서 노래를 불렀다. 무반주였다. 필자는 정현욱 PD구성작가가 말했듯이 특별히 노래를 잘하든지, 그렇지 않으면 시청자들에게 감동을 줄 수 있는 무언가 있어야 한다고 생각하였다.

마침 항상 자기소개를 멋지게 하려고 준비하고 있던 필자는 약간의 거짓을 보태어 "안산에 살고 있으며 안산의 정기를 받고 있는 안정기입니다."라고 소개했다. 가요학원을 실제로 몇 개월 다니긴 했지만 6개월 정도 다녔다고 부풀렸고, 학원비도 사실은 20만 원이었지만 30만 원을 주었다고 이야기하며 자신감 있는 태도를 보였다. 무반주여서인지 다른 참가자들은 중간에 가사를 까먹기도 했지만, 필자는 항상 출퇴근 시간에 MP3 플레이어를 사용하여 전철에서도 노래를 들었던 것이 도움이 되었다. 항상 이어폰을 꽂고 들었던 오승근의 "있을 때 잘해"를 불러 40명에 안에 드는 1차 합격 통지를 받았다.

안타깝게도 1차 예심을 통과한 뒤 본선무대인 15명을 뽑는 2차 예심은 통과하지 못하였지만 음정과 박자 모두 어설프던 내가 500 명 중 40명 안에 들 수 있는 실력이 되었다는 생각에 노래에 대한 자신감이 많이 향상되었다.

좋은 습관을 가지려면 싫더라도 매일 반복해서 습관이 되도록 해야 한다. 부족하다고 생각되는 부분을 꾸준히 연습하는 습관이 성공으로 가는 지름길이 될 것이다.

"불가능은 없다. 다만 시간이 걸릴 뿐이다."라는 사실을 잘 알기에 공공연한 음치임에도 이를 극복하기 위해 틈틈이 노래연습을 많이 하고 있다. 지금도 잘하는 것은 아니지만 전국노래자랑 안산시 편 이후로 하면 된다는 믿음과 자신감이 생겼다. 따라서 얼마나 시간을 투자하고 노력을 기울이느냐의 여부에 성패가 달려있지, 소질이나 재능의 유무는 성공에 크게 영향을 미치지 않는다고 생각한다.

그래서 오늘도 강남수도사업소의 동료들과 같이 근무하게 된 것을 행복하게 생각하는 의미로 이문세의 '나는 행복한 사람'을 부르며 노래연습을 한다. 가끔은 부모님, 장인·장모님이 살아계실 때, 옆에 있는 직원들과 함께 근무할 때, 서로서로 잘해보자는 의미에서 오승근의 '있을 때 잘해'를 부르면서 휴식을 취하기도 하였다.

우리 인생에는 수많은 기회가 찾아온다. 아마추어는 기회가 왔을 때 생각만 하다가 시기를 놓쳐 버리지만, 프로는 최선을 다해 그 기회를 붙잡는다. 이것이 바로 열정이며, 성공하는 사람들의 특징이다.

강남수도사업소 직원 오이도 항구 2017. 4.15(토)

강남수도사업소 직원 제부도 야유회 2017. 4.15(토)

《 열정을 갖고 행동하라 》

○ 커다란 성공을 이룬 사람은 예외 없이 "불타는 열망으로 적극적인 행동을"하는 사람이다.

○ 정주영 현대 창업주는 『시련은 있어도 실패는 없다』라는 책 제목처럼 '길이 없으면 찾고, 찾지 못하면 뚫어라'라는 신념을 끝까지 고수했다.

○ 황소고집 최수부 회장의 뚝심경영의 핵심은 정직과 인내이다.

○ 광동제약 최수부 회장은 '물건을 팔 것이 있으면 지옥에라도 간다.'라는 한 가지 확고한 원칙을 내세웠다

○ 스페인 최고의 바이올린 연주가 사라사테는 "지난 37년 동안 하루에 14시간씩 연습한 결과이다"라고 하였다.

첨부 : 2005.11.25. 전국노래자랑 안산시편 한겨레신문

예심 : 500명 참가, 1차 예심통과자 40명, 최종 2차 통과자 15명

'전국 노래자랑' 안산시 1차 예심

등록 : 2005-11-30 17:41 수정 : 2005-12-01 16:24

△ 지난 24일 경기도 안산 올림픽 기념 체육관에서 열린 한국방송의 〈전국 노래자랑〉 '경기도 안산시'편 1차 예심 현장에서 지원자들이 노래를 부르고 있다.   강재훈 기자 khan@hani.co.kr

[100℃르포] "땡"은 없다…"수고하셨습니다"뿐

    일요일 낮 12시 10분이면 어김없이, 1980년 방송 시작 뒤 한 번도 편성 시간이 바뀐 적 없이 시청자들을 찾는 텔레비전 프로그램이 있다. 한국방송의 〈전국 노래자랑〉이다. 전국에서 노래로, 율동으로, 코미디로 날고 긴다는 일반인들이 〈전국 노래자랑〉을 통해 시청자들을 웃기지만, 조금 덜 날고 덜 기는 지원자들을 추려내는 예심도 본 방송 못지않게 재밌다는 사실을 아시는지. 지난 25일 오후 경기도 안산 올림픽 기념 체육관에서 열린 '경기도 안산시'편 1차 예심 현장을 공개한다.

방송과 달리 무반주네

1차 예심에서는 본 방송과 달리 무반주로 노래를 불러야 한다. 이 때문에 대표 심사위원인 정한욱 구성작가로부터 본 방송의 '땡'에 해당하는 "수고하셨습니다"라는 인사를 들은 참가자 대부분이 "반주가 없어서…"라는 핑계를 댄다. 하지만 선수들의 세계에서 핑계는 통하지 않는 법. "안산의 정기를 받았다"며 내심 가산점에 대한 기대를 내비쳤던 안정기상록구 본오3동씨는 이날 엠피쓰리 플레이어에 반주 파일을 다운받아 온 뒤 이어폰을 꼽고 〈있을 때 잘해〉를 불러 "합격" 통지를 받았다. 안 씨는 노래 학원 수강 6개월 만에 이뤄낸 쾌거에 흥분을 감추지 못했다. 그는 "한 달에 8시간짜리 학원을 30만 원이나 내가며 6개월, 180만 원을 투자한 끝에 1차 예심에 통과했다"며 〈전국 노래자랑〉 출연에 대한 염원을 피력했다. 하지만 그는 염원에 어울리지 않게 "체면이 있고, 사회적 위치도 있고 해서 직장에는 아프다고 휴가를 낸 뒤 예심 현장에 나왔다"며 멋쩍게 웃어 젖혔다.

"학원수강 6개월 만에 쾌거" 환호

심사위원들이 안 씨 같은 '노력형' 참가자들에게 후한 점수를 줄 거라고 생각하기 쉽지만 천만의 말씀이다. 노력 여부를 떠나 어떻게든 '확실하게' 눈에 띄어야 예심을 통과할 수 있다. 정 작가는 "노래, 표정, 율동, 사연 중에 하나라도 확실히 눈에 띄어야 합격할 수 있다"고 으름장을 놓으며 냉정하게 심사의 칼자루를 휘둘렀다. 흰 저고리에 검은 치마 한복까지 차려입고 나와 '악수 설정'을 연기하며 〈반갑습니다〉를 부른 한 참가자는 '썰렁~'해진 분위기에 책임 추궁이라도 당하듯 바로 불합격 판정을 받았다. 관객석에 있는 한 구경꾼이 "심혔다, 심혀, 사

럼람이 정승성을 봐주줘야지, 정승성을!"하면서 이 참가자를 합격시켜
달라고 고성을 질렀지만, 심사위원들의 결정은 번복되지 않았다.

하지만 이렇게 엄정한 심사위원들도 마음이 약해질 때가 있었으니,
바로 '사연 많은' 참가자들이 등장할 때다. 이날 1차 예심에는 489세
대 841명의 사할린 동포들이 모여 사는 안산 '고향 마을'에서 할아버
지, 할머니들이 참가했다. 마을 자체 예심을 거쳐 선발된 8명의 대표
선수들이 차례차례 나와 〈꿈에 본 내 고향〉 같은 노래를 부르자, 예리
하게 빛나던 심사위원들의 눈빛이 누그러졌다. 그 결과, 고향 마을 팀
은 배남식75씨 등 2명이나 1차 예심을 통과하는 쾌거를 이뤘다.

〈전국 노래자랑〉이 프로그램 시작 뒤 25년 동안 개편과 편성 시간
변경의 회오리바람을 피할 수 있었던 것은, 시청률 15%, 점유율 20%,
동시간대 시청률 1위라는 시청자들의 호응이 따라줬기 때문이다.

"심혔다, 정승을 봐우쟈지" 고함

이 같은 인기에 힘입어 〈전국 노래자랑〉 예심에는 방송에 출연해
해당 지역의 특산물 등을 홍보하려는 지원자들의 발길도 끊이지 않는
다. 안산 지역 예심에는 한 영농 조합의 대부도 포도 와인을 소개하기
위해 김옥경32씨가 참가했다. 김씨는 멋드러지게 〈유혹〉을 불러 심사
위원들의 시선을 끌었지만, '율동 부족'으로 끝내 예심을 통과하지 못
했다. 하지만 "수고하셨습니다"라는 정 작가의 인사를 듣고 무대를 내
려오는 김씨보다 그 옆에 서 있던 영농조합 대표이사의 표정이 더 어
두웠다. 그는 "포도 와인을 소개하기 위해 미모와 노래실력이 뛰어난
김씨를 스카웃했다"며 "조합 직원의 가족인 김씨까지 동원했는데 결
과가 좋지 않았다"고 아쉬움을 토로했다. 〈전국 노래자랑〉 출연의 길

은 이렇듯 멀고도 험했다.

　이날 예심에는 모두 500여명의 참가자들이 참가했다. 하지만 1차 예심과 2차 예심을 거쳐 방송에 출연할 기회를 얻는 참가자들은 고작 해야 15명. 이 프로그램의 연출을 맡은 김경식 피디는 "보통 시 단위 는 500명, 군 단위는 200~300여명 정도가 예심에 참가한다"며 "지자 체 행사가 많은 4~6월, 9~11월에는 일주일에 두 지역씩 녹화를 하 지만 한 여름이나 동절기 때는 그만큼 녹화가 뜸하다"고 말했다. 그는 또 "노래를 잘하고 못하고를 떠나 서민들이 잠시나마 에너지를 발산 하며 근심, 걱정, 스트레스를 털어낼 수 있기 때문에 참가 열기도, 시 청 열기도 뜨거운 것으로 보인다"는 사견을 덧붙였다. 이날 예심을 거 쳐 출연이 확정된 이들이 나오는 안산시 편은 내년 1월께 방송될 예정 이다.

글·전정윤 기자 ggum@hani.co.kr,

사진·강재훈 기자 khan@hani.co.kr

원문보기: http://www.hani.co.kr/arti/culture/culture_

general/83857.html#csidx37ca8d583b86d27af324f007581a5d4

신은 용기 있는 자를 결코
버리지 않는다.

– 켈러

스피치에
자신감을 가져라

　스피치를 잘하는 방법은 스피치를 반복 훈련하는 것이다. 자연스러움은 바로 고도의 훈련과 경험의 산물이다. 스피치를 잘하려면 자신 있게 말하고 있는 자신의 모습을 상상하고 반드시 성공한다고 확신하고 자신만만해야 한다. 미국의 심리학자 윌리엄 제임스는 '행동이 생각과 감정을 조절할 수 있다.'라고 얘기했다. 인생은 생각의 결과이다.

　자신감이란 타고난 능력과 재능에 대한 믿음을 의미한다. 심리학자들은 자신감에 엄청난 힘이 있다고 말한다. 이 자신감이 인간의 능력을 곱절로 발휘할 수 있게 만들기 때문이다. 자신감은 자신을 믿는 것에서부터 시작한다. 자신도 믿지 못하면서 무엇인가를 이루려 한다는 것은 매우 어려운 일이다.

스스로를 아는 것이 이치를 아는 것이다. 즉, 자기를 등불로 하고 자기를 의지할 곳으로 삼아야 한다. 남의 것을 의지할 것으로 삼지 말아야 한다.

'싸움에서의 최초의 승부는 눈싸움에서 결정된다'라는 말과 같이 연설에서의 승패는 연사의 자신감에서 결정된다. 자신감을 어떻게 가질 수 있을까? 물론 이 물음에서 가장 중요한 것은 자신의 긍정적 마인드이다. 연설을 잘하는 명연설가도 처음부터 연설을 잘했던 것은 아니다. 스피치 교습소와 동아리를 통하여 열심히 배우고 오랜 기간 반복과 연습을 통하여 꾸준히 연습하여 명연설가가 탄생하는 것이다.

우리 모두 자신감을 지니고 태어났다는 사실은 어린 아이들을 보면 알 수 있다. 아이들은 대부분 마음 닿은 대로, 느끼는 대로 말하고 행동한다. 공포와 편견 등의 사고 습관이 자리 잡기 시작하면 사정은 달라진다. 아무리 머리가 좋은 아이라고 해도 자신감이 결여돼 있으면, 자신감을 갖춘 평범한 아이에 비해 성공적인 인생을 살 가능성은 절반도 되지 않는다.

관심을 갖고 관찰해 보면 진정한 의미의 성공을 거둔 사람들은 자기 자신과 성공에 대하여 확신을 갖고 있었음을 알 수 있다. 자존감을 높이면 자신감이 생기고 자존감이 떨어지면 열등감이 생긴다. 미국의 유명한 사상가요 웅변가인 에머슨은 '모든 훌륭한 연설가들도 처음에는 형편없는 연설가였다.'라고 하였다. 탁월한 연설가는 성공적인 연설에 대한 믿음을 가지고 부단히 노력하고 끊임없이 연습한 결과라는 사실을 알아야 한다.

'남들이 하였다면, 나도 할 수 있다'라는 자신감이 연설을 잘할 수 있게 만드는 비결이다.

나폴레옹은 엘바 섬을 탈출하여 프랑스의 영광을 재현하고자 동지를 규합할 때, 여러모로 어려운 상황이었다. 그러나 나폴레옹은 자신에 찬 눈빛과 말로 승리의 확신을 주어 짧은 시간에 많은 사람을 규합할 수 있었다고 한다. 자신감이야말로 무에서 유를 창조하는 원동력이다.

자신감을 발전시키는 방법은 바로 잠들기 전에 자신감이 넘치는 생각으로 마음에 영양분을 주는 것이다. 성공과 행복, 좋은 결과에 대한 행복하고도 설레는 생각으로 마음을 가득 채울 때, 우리의 잠재의식은 더욱 높아진다. 그러면 잠자는 동안에 잠재의식은 우리를 위해 충실하게 풍요로운 내일을 만들 준비를 한다.

또, 성공, 스피치에 대한 자신감을 키우기 위해서는 조용한 장소에서 하루에 최소 5분씩 소리를 내어서 다짐과 선언을 실천하는 것이 효과적이다. 스스로 미비한 점이 있을 때에는 성공과 자신감, 완벽한 성과를 확신하는 선언문을 최소에 하루에 한 번, 글로 그 내용을 20번 이상 적어 본다. 그리고 자신감이 담긴 글귀를 종이에 적음으로써 잠재의식에 그러한 생각을 더욱 단단하게 뿌리내리게 할 수 있다. 이러한 행동을 통해 만족스러운 결과를 더욱 빨리, 그리고 확실하게 이룰 수 있을 것이다. 다짐은 자신감을 만드는 가장 강력한 수단이다.

성공에 대한 자신감을 키우기 위해서는 획득하고자 하는 현실의 목표를 마음속에 그림으로 그려 보는 것이 매우 중요하다. 매일 이러한 노력을 기울인다면 마음속은 온통 바라는 목표에 대한 확실한 이미지로 가득 채워지게 될 것이다. 필자 역시 마음속으로 성공에 대한 그림을 그리면서 이렇게 되새기곤 했다. '지금 좋은 일이 나에게 일어나기 시작했다.' 그러면 마음속 깊은 곳에서부터 든든한 자신감이 피어오른다.

다음으로는 공포심과 두려움을 없애야 한다. 두려움은 상상일 뿐이다. 두려워하지 않는다면 더 많은 것들을 할 수 있다. 분명 공포는 실존하는 감정이고 어쩌면 피할 수 없는 감정일지도 모른다. 하지만 우리는 필요 이상으로 겁을 먹기도 한다. 일어나지 않은 일을 미리 두려워하는 것, 지나간 일에 대하여 계속 공포심을 가지는 것은 쓸데없이 에너지를 소비하는 것이다. 공포는 대부분 심리적인 것이다. 이는 모두 소극적이고 비관적인 상상에서 발생한다. 그러나 단순히 원인을 알았다고 해서 공포를 고칠 수 있는 것은 아니다.

공포는 성공의 가장 큰 적이다. 공포는 모든 기회를 가로막는다. 몸을 약하게 만들고 사람들의 정신을 병들게 한다. 즉, 불안함이 자신감상실, 불신을 낳기도 한다.

한 가지 분명한 것은 자신감은 모두 후천적 노력에 의해 얻어진다는 사실이다. 그러니 본래 자신감을 가지고 태어난 사람은 한 사람도 없다. 자신감이 넘치고 활기찬 사람을 보라. 어디서든 침착하고 당당한 사람을 보아라. 그런 모습이 되기 위하여 그들은 피나는 노력을 기울였다. 고민을 극복하고 고통을 이겨냈다. 그렇게 해서 얻은 것이 자신감이다. 우리도 노력하면 충분히 할 수 있다.

자신 있는 행동은 자신 있는 생각을 낳는다. 심리학자 조지. W. 크레인 박사는 이렇게 말한다. "행동은 감정에 앞선다는 사실을 기억해 두기 바란다. 즉, '당신이 이루려는 바대로 행동하면 행동하는 바대로 이루어질 것이다.'감정을 직접 조절할 수는 없지만, 어떤 동작을 함으로써 조절할 수 있다. 자신 있는 생각을 위해서는 자신 있는 행동을 취하라."

자신감을 만드는 5가지 행동이 있다. 이 지침을 주의 깊게 보고 실천하기 위해 의식적인 노력을 기울인다면 여러분은 반드시 자신감이 넘치는 사람이 될 수 있다.

첫째, 앞쪽에 앉도록 노력한다.

학교에서나, 강의장에서나, 성당에서나, 기타 모든 집회에서 많은 사람들이 뒷줄에 앉기를 원하고, 또 다투듯이 뒷자리에 앉는다. 이것은 남들의 눈에 띄는 것을 두려워하는 것이다. 즉, 구석을 찾는 이유는 자신감이 부족하기 때문이다. 앞에 앉는 것은 자신감을 만든다. 지금부터 되도록 앞에 앉도록 하라. 처음에는 약간 어색할지 모르지만, 성공하려면 남의 눈에 띄어야 한다는 사실을 잊지 말기 바란다.

둘째, 차분히 눈을 보는 습관을 들인다.

눈은 마음의 창이다. 따라서 눈을 보면 대개 그 사람을 알 수 있다. 누군가 우리의 눈을 똑바로 보지 않는다면 우리는 본능적으로 그를 의심할 것이다. 상대의 눈을 보지 않고 말하는 것은 일반적으로 죄를 지었거나 자신감이 없어서이기 때문이다. 상대의 눈을 피하는 것은 자신에게 좋은 일이라고는 하나도 없다. 반면, 상대의 눈을 정면으로 들여다봄으로써 공포심을 극복할 수 있다. 상대의 눈을 정면으로 보는 것은 상대에게 정직하며 솔직하게 말하고 있다는 뜻이다. 우리의 눈을 스스로를 위해 활용해야 하며, 상대의 눈에 초점을 정확히 맞춤으로써 우리는 자신감을 얻을 수 있다.

셋째, 5초 빨리 걷는다.

자신감을 높이기 위해 보통사람보다 5초 빨리 걷는 연습을 하라. 어깨를 펴고 머리를 들고 보통 사람보다 약간 빨리 걷다 보면 자신감이 점차 커질 것이다. 보통 사람은 보통 걸음으로 걷는다. '나는 내 자신에게 별로 자부심을 갖고 있지 않습니다.' 하는 태도이다. 엉성하고 무겁고 느린 걸음걸이를 5초 빨리 걷는다면 생활습관이나 업무태도를 개선시킬 수 있다. 육체의 움직임은 마음먹은 대로 된다.

넷째, 자진해서 이야기한다.

여러 그룹에서 강의를 하면서, 지성과 선천적인 능력을 지닌 많은 사람들이 토론에 참가하는 것을 두려워하거나, 참가해도 제대로 관심을 갖지 않는 것을 보아왔다. 토론할 능력이 없어서가 아니다. 문제는 오히려 자신감의 부족에 있었다.

회의에서 침묵을 지키는 사람은, 이야기를 하지 못할 때마다 자기가 더욱 못나고 뒤떨어진 인간이라고 생각한다. '이 다음에는 반드시 이야기하자'며 나름대로 다짐을 하지만 이것을 지키지 못할 것이라는 사실을 마음속으로 알고 있다. 이런 사람은 말하는 것을 실패할 때마다 자신감에 치명적인 상처를 입으므로 더욱 자신감을 잃어버린다.

그러나 적극적으로 자진해서 이야기하면 할수록 자신감은 높아지고 다음에 이야기하기가 더욱 쉬워진다. 자진해서 이야기해야 한다. 이것이야말로 자신감을 높이는 촉진제이다. 이제 참석하는 어떤 집회에서든 자진해서 먼저 말하라. 어떤 비즈니스 회의, 위원회, 마을 회의에서도 자진해서 발언하고 비판하고 의견을 내며 질문을 해야 한다. 이제까지 많은 소극적인 사람들이 이렇게 실천함으로써 자신감을 높여 왔다.

다섯째, 미소를 크게 짓는다.

미소는 자신감의 표현이다. 미소는 자신감을 심어주고 타인에게 밝은 인상을 주고 신뢰를 준다. 그러나 많은 사람이 평소에는 잘 웃다가도 공포감을 느꼈을 땐 미소를 짓지 않는다. 마음에 열등감이 넘치고 있는데 미소가 나올 리 없다. 아무리 웃어 보려고 해도 잘

되지 않을 것이다. 그러나 그럴 때일수록 더 웃어야 한다. 처음에는 조용히, 점점 더 크고 화사하게 웃어 보는 것이다. 큰 미소는 공포감과 고민을 몰아내고 의기소침함을 없애준다.

마음에서 우러난 참된 미소는 소극적인 감정을 치료할 뿐만 아니라 그 이상의 일도 한다. 미소는 타인의 마음을 움직여 반대 의견도 찬성으로 돌려놓는다. 이가 드러날 정도로 크게 웃으면 세상이 곧 밝아지며, 행복감이 넘쳐날 것이다.

필자는 말에 대한 자신감을 갖기 위해서 1995년경 남영역에 있

〈 자신감을 갖게 하는 7가지 방법 〉

1. 마음속으로 자신이 성공하는 모습을 그려보라.

2. 자신의 결심이 약화되거든 이기기 위해 적극적인 생각을 소리 내어 말하라.

3. 장애물을 피하지 말라. 문제를 해결하는 데는 항상 어려운 난관이 있게 마련이다. 따라서 그 어려운 점이 무엇인지 검토하여 제거하라.

4. 타인의 위엄에 눌려 그를 모방하지 말라.

5. 자신을 이해해주는 유능한 조언자를 찾아라.

6. 자신의 실제 능력을 평가한 다음 그보다 10%는 더 높이 끌어올려라.

7. 하늘이 나와 같이 있으니 어떤 일도 자신을 굴복시키지 못한다는 사실을 명심하라.

– 로버트 H. 슐라 –

는 스피치 학원을 다녔다. 스피치의 일반적인 이론을 배움과 동시에, 수많은 대중 앞에서 말할 때의 긴장을 풀기 위한 노력의 일환이었다. 특히나 긴장을 풀기 위해서는 꾸준한 노력과 담력이 필요하다고 생각했다. 담력을 키우기 위해 전철 칸에서 수많은 시민들을 상대로 연습을 하였다.

시작은 이렇다. '저는 물건을 파는 사람이 아닙니다. 모 회사 중견간부인데 말을 못해서 스피치 연습을 하러 이 자리에 왔습니다.' 그런 식으로 시민들에게 3분 정도 이야기하다가 하차하곤 했다. 그리고 그러한 방식을 수백 수천 번 반복했다. 그래서 지금은 청중들이 많다고 떨리는 경우는 없다. 오히려 청중의 인원이 적어도 충분한 연습을 하지 않았을 경우가 가장 긴장되었다. 그러니 스피치를 할 때 청중의 수보다는 얼마나 노력했느냐가 긴장완화에 영향을 미친다고 할 수 있다.

서울시 공무원으로서 필자가 강서수도사업소에 근무하던 1997년에 시의 위탁교육생으로 서울시립대학교 경영대학원 경영학과에 입학했다. 1998년도 2학년 때에 경영대학원 회장을 선출하는데 동기들 추천을 받아서 서울시립대학교 8대 회장으로 활동했다.

회장으로 활동하는 동안 스피치에 대한 자신감은 일취월장했다. 그러던 중 어느 단체에서 개최한 웅변대회를 참석하였고, 이로 인하여 스피치에 더 많은 자신감을 얻었다. 2001년에는 국회헌정기념관에서 전국웅변대회를 개최하여 일반부문 우수상을 수상하기도 하였으며, 그 후 세종문화회관에서 실시하는 웅변대회도 출전하여 우수상을 수상한 적이 있다. 이 모든 것은 강한 자신감에서 피어나는 확고한 믿음이 있었기 때문에 가능한 일이었다. 강한 자신감은 미래의 성공에 대한 강한 믿음이 되며, 강한 믿음은 노력하고 연습할 힘의 원동력이 된다.

《스피치에 자신감을 가져라》

- 에머슨은 '모든 훌륭한 연설가들도 처음에는 형편없는 연설가였다.'라고 하였다. 탁월한 연설가는 부단한 노력과 끊임없는 연습의 결과라는 사실을 알아야 한다.
- 심리학자 조지. W. 크레인 박사는 '행동은 감정에 앞선다는 사실을 기억해 두기 바란다.'라고 말했다.

금맥보다 더 중요한 것은
인맥이다.

- 반기문

원만한
인간관계

　앞서 다른 사람의 존재나 서로의 관계에 계속 집중했던 이유가
있다. 인간은 타인과의 관계 속에서 살아가는 존재이다. 잠시 동안
의 고립을 무서워하는 사람은 없지만 계속해서 집단에 속하지 못하
고 소외된다면 아무도 견딜 수 없을 것이다. 안정된 소속감과 타인
의 애정을 추구하는 것은 인간이라면 당연한 현상이다. 이 때문에
아리스토텔레스는 '인간은 사회적 동물이다'라고 말했다.

　최근 미국 컬럼비아 대학에서 직업적으로 성공한 사람들의 성공
비결에 관한 조사를 발표했다. 성공한 사람들의 요소를 분석해 보
니 의외로 기술이나 능력은 15%밖에 되지 않았다. 그보다 더 중요
한 요소는 바로 원만한 인간관계와 공감능력이었다. 이는 85%의
높은 비중을 차지했다. 또 다른 조사에서는 직장을 잃은 사람들의

해고원인 중 95% 이상이 인간관계에서 능력부족인 것으로 나타났다.

중앙대 이상철 교수의 "행복은 선택이다"라는 동서언론의 자료에 의하면, 친구에 관해 1937년부터 하버드 대학 2학년 남학생 268명을 72년간 추적 조사했는데 이들 가운데 절반은 이미 타계했고, 생존자도 80대 후반에서 90대였다. 72년에 걸친 이 연구결과에 의하면 삶에서 가장 중요한 것은 '인간관계'이며 사람들은 친구와 좋은 관계를 유지할 때 가장 행복하다고 했다. 또한 814명에 이르는 성인남녀의 삶을 70여 년간 추적 조사한 이 연구의 책임자인 조지 베일런트 교수는 "한 사람이 행복하고 건강하게 나이 들어가는 것을 결정짓는 것은 지적인 뛰어남이나 계급이 아니라 사회적인 인간관계"라고 강조했다.

원만한 사회적 인간관계가 건강한 노후를 보내는 데 결정적인 영향을 미치는 요소인 것이다. 인간관계는 사람의 삶에서 떼어낼 수 없는 요소이자 행복과 성공을 좌우하는 요소이다. 학교에 다니고, 직장에 다니면서 우리는 수많은 인간관계를 맺게 되며, 신뢰하고 호감을 주는 사람과의 관계는 그 자체로 삶을 살아가는 에너지를 얻기도 한다. 이런 관계들은 거저 생기는 것이 아니라 끊임없는 관심과 노력이 있어야 한다.

좋은 인간관계를 유지하기 위한 10가지 방법은 다음과 같다.

첫째, 내가 대접받고 싶은 대로 먼저 상대방을 대접하라.

둘째, 가까울수록 예의를 지켜라.

셋째, 상대방의 말을 성의 있게 들어라.

넷째, 자기주장만을 고집하지 마라.

다섯째, 겸손하라. 중국의 국가주석 후진타오는 자신의 삶에서 겸손을 매우 중요하게 생각하며 실천했다.

여섯째, 긍정적인 태도를 보여라.

일곱째, 미소를 잃지 마라.

여덟째, 상대의 단점보다는 장점을 찾아내라.

아홉째, 상대의 입장에서 생각하라.

열 번째, 다른 사람을 신뢰하라. 신뢰는 인간관계를 형성, 유지하는 가장 기본적인 조건이다.

우선 좋은 관계를 맺고 싶다면 먼저 자기 자신부터 좋은 사람이 되어야 한다. 비슷한 사람들끼리 모인다는 유유상종에는 예외가 없다. 자신이 좋은 사람이라면 당연히 주변에 좋은 사람이 모일 것이다. 좋은 사람이 되는 것은 사실 조금만 주의를 기울이면 된다. 아무리 가까운 사이더라도 예의를 지키고, 상대방의 말을 성의 있게 듣는 것이다. 상대방의 단점보다는 장점을 보는 것도 도움이 된다.

미국의 성공한 사업가 카네기는 원만한 대인관계를 위해 6가지의 원칙을 제안했다.

하나. 다른 사람들에게 순수한 관심을 기울여라.

둘. 미소를 지어라.

매일 아침 거울을 보면서 웃는 연습을 하라.

거울을 보며 ' 위스키'나 '와이키키'와 같은 발음을 하며 웃는 표정을 연습한다.

셋. 이름을 잘 기억하라.

넷. 경청하라.

다섯. 상대의 관심사에 대해 이야기하라.

여섯. 상대방으로 하여금 중요한 느낌이 들게 하라. 단, 성실한 태도로 해야 한다.

이 모든 것을 하나로 묶어 말한다면 상대방에 대하여 배려하는 자세를 가져야 한다는 것이며, 남을 배려하는 자세는 손해 보는 일이 아니다. 이것은 남을 이롭게 할 뿐 아니라 그로써 나의 품격을 높이며, 성공으로 이끄는 필수적인 요소이다.

KEB하나은행의 첫 은행장이 된 함영주 행장은 가정형편이 어려워 상업고등학교에 진학한 뒤 바로 은행에 취업한 경우였다. 그럼에도 학업에 대한 꿈을 놓지 못해 야간대학교를 다니며 졸업장을 땄다. 그는 어떻게 보면 촌스러울 수도 있는 사람이었다. 하지만 동시에 편안한 사람이었고 직원들과 소통하려고 누구보다도 노력했다.

충청영업그룹 대표를 맡았을 때는 1,000여 명이나 되는 직원들의 이름을 하나하나 기억했으며 생일이나 집안의 대소사에도 관심이 많았다. 그만큼 대화를 많이 하려고 노력하였고, 이런 노력으로 은행장이라는 큰 결실을 얻어낸 것이다.

자기주장만 고집하는 모습은 상대방에게 거부감을 일으킨다. 경우에 맞지 않는 말은 자칫하면 눈치 없어 보이고 상대방에게 상처를 줄 수 있다. 남의 험담이나 하고 다니는 것도 안 좋은 습관 중 하나이다. 험담은 적을 만들기 쉽다. 좋은 친구를 만드는 것도 힘든 일인데 적까지 있다면 스스로를 더욱 지치게 만들 것이다.

인맥은 정확하게 얼마를 주고 얼마를 받는 것으로 수치화되는 것이 아니다. '내가 이 정도를 줬으니 상대방도 이만큼 줘야 한다.'라는 생각은 스스로를 지치게 할뿐더러 인간관계를 공허하게 만들 뿐이다.

주변인에게 도움을 줘야 하는 일이 생긴다면, 그것을 진심으로 도울 마음이 든다면, 아낌없이 줘야 한다. 그리고 도움을 준 사실은 잊어버리는 것이 좋다. 그것으로 생색을 낸다거나 그만큼 돌려받으려고 한다면 도움의 본질을 잃어버리게 될 뿐 아니라 관계까지 어렵게 된다.

《 원만한 인간관계 》

○ 최근 미국 컬럼비아 대학에서 직업적으로 성공한 사람들의 성공비결을 분석한 결과는 다음과 같다
  – 기술이나 능력은 15% 미만
  – 원만한 인간관계와 공감능력이 85%의 높은 비중을 차지
  – 직장을 잃은 사람의 해고원인 95%이상이 인간관계에서의 능력부족
○ 하버드대 연구결과에 의하면 삶에서 가장 중요한 것은 인간관계이다.
○ 카네기의 원만한 대인관계 6가지 원칙
○ 좋은 인간관계를 위한 10가지 방법
○ KEB하나은행의 첫 은행장이 된 함영주 행장은 어떻게 보면 촌스러울 수도 있는 사람이었지만, 동시에 편안한 사람이었고 직원들과 소통하려고 누구보다도 노력했다.

진정한 프로페셔널의 조건은
끊임없는 자기계발이다.

– 피터 드러커

자기 분야의
최고의 전문가가 돼라

　대부분의 사람들은 성공하는 사람들이 모든 방면에서 뛰어나다고 생각한다. 실제로 잘하는 부분이 많을수록 성공할 가능성은 높아진다. 그래서 요즘의 취업 준비생이 그렇게 다양한 자격증을 따려고 애를 쓰는 것인지도 모른다. 하지만 모든 것에 다 뛰어나야만 성공을 할 수 있는 것은 아니다.

　우리에게 친근한 과학자인 아인슈타인은 어렸을 때부터 학교의 교육에 적응하지 못했던 학생이었다. 학교의 방식을 잘 따르지 않았기 때문에 선생님들은 모두 그를 무례하고 성의가 없는 학생으로 보았다. 대신 수학과 물리학만큼은 좋아해서 계속 그 공부에만 전념했다.

　결국, 아인슈타인은 세월이 훨씬 지난 지금도 손꼽히는 과학자

중 한 명이 되었다. 아인슈타인은 학교생활에 잘 적응하지 못하였고 다른 공부도 하기 싫어했다. 그가 위대한 업적을 이룬 과학자가 된 것은 자신이 가장 잘하고 좋아하는 것에 모든 시간을 바쳤기 때문이었다.

뽀빠이 이상용은 34년 동안 메모를 잘한 것으로 유명하다. 책을 보면서 중요하고 재미있는 것들을 노트에 빼곡히 적어온 것이다. 그 분량이 88권에 이르렀다. 유익한 농담과 교훈들을 놓치지 않고 적어온 것이다. 그렇게 노력한 덕분에 개그맨으로서 아이디어가 고갈될 일이 없는 것이었다.

그는 그 노트만으로 100년을 써먹을 수 있다고 말한다. 그 안의 레퍼토리는 3만 2천 가지에 달한다. 심지어 만 개 정도는 그의 머릿속에 들어있다. 그것이 바로 뽀빠이 아저씨의 샘솟는 아이디어 비결이었다. 최고의 위치에서도 늘 공부하고 메모를 게을리하지 않은 것이 30여 년 동안 개그맨으로 롱런할 수 있는 비결이었던 것이다.

성공에도 그런 자세가 필요하다. 모든 것에 욕심내는 것은 스스로에게 지나친 에너지를 낭비하게 할 뿐더러 어느 하나에 집중할 수 없게 한다. 자기 분야를 확실하게 정한 다음에는 그것을 심도 있게 파고 들어가야 한다. 그렇게 어느 한 분야에 통달한 사람이 전문가다.

국제발명특허를 60여 개나 소지하고 있는 김규환 국가품질명장의 좌우명은 '목숨 걸고 노력하면 안 되는 일이 없다.'라는 것이다. 그는 초등학교 졸업장의 학력을 가진 회사의 청소부였다. 어머니마저 돌아가시고 가난했던 시절, 사회의 밑바닥부터 시작했지만 그는 거기에만 머물러있지 않았다.

그는 잠자는 시간을 쪼개가며 공부에 힘썼고 대학에 입학했다. 국가기술 자격증도 취득했다. 그가 선택한 분야는 초정밀 분야였고 기술개발에 공을 들여서 수많은 특허를 따낼 수 있었다. 대통령 표창, 훈장, 발명특허 대상 등 많은 상도 받았다. 김규환 명장이 성공한 이유는 초정밀분야를 심도 있게 파고들어서 그 분야의 전문가가 되었기 때문이다.

전문가가 된다는 것은 그 분야의 그 어떤 누구보다 지식과 기술을 많이 가지고 있는 사람이 되는 것이다. 그런 사람은 같은 분야의 사람들이 정보를 얻기 위해서 찾을 수밖에 없고 자연히 그 사람을 모셔가기 위해서 너도나도 모여들 것이다. 같은 분야의 사람이라면 찾고 싶어지는 사람이 되어야 한다.

운동 분야에서도 그런 '전문가'들을 찾을 수 있다. 2012년 런던 올림픽에서 부상을 딛고 금메달을 획득한 김재범 선수는 당연 유도의 전문가이다. 그가 다른 분야에서도 전문가인가? 김재범 선수가 물리학에 재능이 있거나 마케팅 업무에서 활약하기는 어려울 것이다. 하지만 유도에서만큼은 그는 전문가다. 모든 유도하는 사람이 김재범 선수에게 배우길 원할 것이다. 성공하고 싶다면 바로 그런 사람이 되어야 한다.

《 자기분야의 최고전문가가 되라 》

○ 아인슈타인이 학교생활에 잘 적응하지 못하였지만, 그가 위대한 업적을 남긴 과학자
  가 된 것은 자신이 가장 잘하고 좋아하는 것에 모든 시간을 바쳤기 때문이었다.

○ 뽀빠이 이상용은 34년 동안 메모를 잘한 것으로 유명하다.

○ 김규환 국가품질명장의 좌우명은 '목숨 걸고 노력하면 안 되는 일이 없다.'라는 것
  이다.

모든 훌륭한 연설가들도
처음에는 형편없는 연설가였다.

- 에머슨

스피치는
스케이트와 같다

　피터 드러커는 '인간에게 가장 중요한 능력은 자기표현이며, 현대의 경험이나 관리는 커뮤니케이션에 의해 좌우된다'라고 얘기했다. 우리의 삶에서 말이 얼마나 중요한 역할을 하는지에 대해 알려주는 이야기이기도 하다. 다른 사람과 소통을 잘해야만 일도 잘할 수 있다. 회사에서 사람을 뽑을 땐 꼭 면접을 본다. 물론 외모나 인성 등도 평가 항목에 있지만, 가장 중요하게 보는 것은 말하는 것이다.

　말하는 것에 따라서 사람들의 성공여부가 달라진다. 어려운 일도 말을 잘하면 성공시킬 수 있고, 쉬운 일도 말을 잘 못하면 완전히 망칠 수 있다. 우리가 인생의 방향을 결정할 때 말은 아주 중요한 작용을 하고 그 말대로 우리 삶의 모습이 그려진다. 우리는 말이 인도하는 대로 가고 말이 서는 곳에서 서게 된다.

말이 우리생활에 미치는 영향이 매우 크기 때문에 제대로 말을 하는 방법에 대한 노력이 점점 커지는 추세이다. 우리는 말을 제대로 하기 위한 스피치 능력을 키워야 한다.

좋은 스피치의 조건은 크게 내용, 전달하는 기술, 청중을 고려한 정도, 말하는 사람의 설득력의 네 가지이다. 먼저, 내용면에서는 목적에 맞는 메시지를 잘 구성하는 것이 가장 중요하다. 좋은 내용을 담고 싶다면 먼저 그 목적을 명확히 정하고 청중의 관심사나 참석 이유를 이해해야 한다. 너무 많은 것을 전달하려고 하면 정작 중요한 주제를 기억하기 어려우므로 보통 3가지 정도로 요약하는 것이 좋다.

그 다음은 전달하는 기술이 필요하다. 말하는 사람은 자신감 있고 자연스러워 보여야 한다. 당연히 청중도 잘 바라보아야 한다. 표정과 전달하려는 메시지 사이에 일관성이 있어야 하며, 스스로 한 말에 대해 굳게 믿고 있어야 한다. 그 다음은 청중을 얼마나 고려했는가의 문제이다. 모든 서비스에는 그 서비스를 받는 고객이 있고, 말하기를 할 때에 고객은 바로 청중들이다. 고객이 원하는 것에 초점을 맞추고 반응을 파악하며 순간마다 재치 있게 수정·대응하는 것이 좋다.

마지막으로 말하는 사람의 설득력으로서 성공스피치의 핵심은 나의 "말"이 아닌 "나"를 파는 자리라는 것을 명심하는 것이다.

좋은 내용을 가지고도 청중들을 잠에 빠뜨리는 이야기꾼이 있는

가 하면, 다 아는 이야기를 가지고도 이야기 내내 눈을 뗄 수 없게 만드는 이야기꾼도 있다. 제스처 하나로 연설 끝까지 청중들을 사로잡을 수는 없겠지만, 요란하지 않고 세련된 제스처는 연설에 흥미를 유발하고 내용을 더 잘 이해할 수 있게 돕는다. 제스처는 청중의 입맛을 돋우는 양념이며, 말을 빛나게 해주는 액세서리고, 청중을 이끄는 지휘봉이라 할 수 있다. 스피치에 생동감을 더해주는 제스처를 익히도록 노력해야 한다.

따뜻한 눈빛으로 눈을 맞추고 청중들에게 부드럽게, 때로는 강렬하게 눈빛을 교환해야 한다. 제스처는 말을 통하여 전달되는 메시지의 의미를 명확하게 해주며, 특정한 단어나 구절을 강조하는 기능을 하고, 청중의 시선을 모으는 역할을 한다.

청중이 자리를 뜨지 않고 말하는 사람에게 집중할 수 있는 방법은 바로 말하는 이의 존재감에 달려있다. 존재감은 한마디로 설명하긴 어렵지만 말을 할 때 나오는 당당함, 신뢰감, 에너지, 매력, 독특한 분위기, 카리스마 등을 말한다. 스피치는 내용과 전달 모두 중요하지만 이 모두가 듣는 청중과 말하는 사람을 더 잘 연결하기 위한 수단이라는 것을 항상 유념해야 한다.

성공적인 스피치의 가장 중요한 요소는 구성이다. 시작은 전달하고자 하는 메시지에 관한 것이어야 하고 본론은 무엇보다도 청중이 관심을 가져 빠져들게 해야 한다. 마지막에 무슨 결론을 낼지 궁금하게 만들어서 어떻게 끝낼지를 잘 정해야 최고의 스피치가 된다.

위대한 것은 하루아침에 저절로 이뤄지는 것이 아니다. 훌륭한 연설가가 되기 위해서는 남다른 준비와 노력이 있어야 한다.

청중은 처음 몇 초 안에 그 연설이 재미있을지 없을지를 판단하고, 집중하거나 주의를 기울이지 않거나 둘 중 하나의 길을 선택한다. 청중을 연설로 끌어들이기 위해 어떻게 시작할 것인지 생각하고 그날 올 청중에게 가장 효과적인 방법으로 오프닝을 정하라. 재미있는 말이건, 호기심을 유발하건, 유머를 하던 효과만 있다면 그것이 가장 좋은 오프닝이다.

주례도 너무 길면 효과가 많이 떨어진다. 주례를 할 때 많은 하객을 감동시키기 위해서는 처음에 진부한 날씨나 평이한 이야기보다 멋진 구절로 시작해야 한다. 그래서 멋진 주례사는 결혼의 중요성을 의미하는 첫마디에 러시아 속담을 말한다. '전쟁터에 나갈 때에는 한 번 기도하고, 거친 바다에 나갈 때에는 두 번 기도하고, 결혼할 때는 세 번 기도하라.'라는 말이 있다. '이만큼 결혼은 인생에서 힘들고 중요한 일인 것입니다.'라고 서두를 시작함으로써 청중의 집중을 받으며 시작한다.

또, 동창회 모임에서는 '국적은 바꿀 수 있어도, 학적은 바꿀 수 없다는 말처럼 우리가 다닌 이 학교는 우리가 죽을 때까지 같이 가지고 가야 하는 운명입니다.'라는 문구를 먼저 이야기를 하면 동문이 더욱 집중하여 듣는 것을 볼 수 있다.

이처럼 '시작이 반이다'라는 말은 대중 스피치에서 매우 교훈적인 말이다. 입을 여는 첫마디부터 청중의 관심과 주의를 끌 수 있는 멋진 내용의 말과 멋진 음성으로 접근하여야 한다. 이렇게 멋진 서두로 표현하는 노력은 멋진 스피치를 만드는 지름길이다.

'초반 3분이 스피치의 성패를 좌우한다.'라는 말이 있다. 청중은 연사가 나와서 처음 3분 동안의 스피치를 듣고, 이 연설을 열심히 들을 것인지, 대충 들을 것인지를 결정한다고 한다.

가수는 자신의 노래 한 곡을 대중 앞에서 부르기 위해 3~4분밖에 안 되는 노래를 매일 수 시간씩 3~4개월간 피나는 연습을 한 후에야 무대에 나선다고 한다. 스피치도 마찬가지이다. 스피치 역시 성공과 실패는 연사가 사전에 얼마나 많은 준비와 연습을 하였느냐에 달려 있다. 철저한 사전 준비와 피나는 노력이 성공적인 스피치를 만든다. 필자는 항상 "안산에 살고 있으며 안산의 정기를 받고 있는 안정기입니다."라고 소개한 뒤 스피치를 한다.

청중은 잘 준비된 스피치에는 집중력을 발휘하고 흥미를 보이지만 제대로 구성되지 않으면 관심을 보이지 않는다. 또한, 아무리 많이 스피치를 준비했어도 실전무대에서 잘 해내지 못하면 아무 소용 없는 일이 될 것이다. '실수하면 어떻게 하나'하는 생각은 모두 지워버리고 자기 암시로 자신의 설득적인 모습을 그려봐야만 자신감이 있는 연설이 나온다.

탁월한 스피치의 기본원칙은 시작할 때는 천천히, 또박또박, 자연스럽게 접근해야 하며, 타인과의 차별화를 추구해야 한다는 것이다. 겸손함과 박식, 배려심 등으로 높은 인격의 스피치가 전달되어야 청중의 신뢰를 얻게 될 것이다. 미국 전 대통령 오바마는 대부분의 연설에서 처음 시작할 때 또박또박, 비교적 천천히 말한다.

연설 처음 부분과 마지막 부분을 비교해 보면, 속도의 차이가 확연히 느껴진다. 그는 처음을 천천히 말함으로써 청중의 집중도를 높이고 처음부터 놓치지 않고 잘 따라오도록 배려하는 것이다.

스피치는 기본적인 틀을 유지하되, 초대받은 장소와 상황에 맞추어 목표청중을 우선 설정해야 한다. 그 다음에 그들의 관심사, 지적 수준, 가치관을 고려하여 치밀하게 분석 후 스피치를 계획해야 한다.

말에는 지우개가 없다. 한 번 쏘아버린 화살처럼, 한 번 엎지른 물처럼 말의 실수에 대해 청중은 관용을 베풀지 않는다. 그래서 연사는 자신의 논점을 철저히 고찰한 후에 분명한 메시지를 가지고 대중 앞에 서야 한다.

연설을 준비할 때부터 연설이 완전히 끝날 때까지 내 이야기를 들을 사람이 누구인지 잊어서는 안 된다. 뛰어난 연설가는 훌륭한 사상가라는 말이 있다. 지나치게 자신감이 넘치는 연사일수록 준비를 소홀히 하여 발표에서 큰 낭패를 보는 경우가 있다.

말하는 사람은 자신이 말하고자 하는 주제에 대하여 독서와 경험, 그리고 다양한 사례를 사전에 철저히 연구하고 분석하여 반대자의 반론에 잘 대처하고, 해박한 지식으로 청중을 휘어잡아야 하며, 모든 내용의 전달방법은 그날 그 장소의 청중에게 적합한 이야기와 전달방법이 가장 좋은 이야기고 전달방법이다.

말을 잘하는 사람에게는 공통적으로 나타나는 특징이 있다. 바로 자신만의 트레이드마크가 있다는 것이다. 김대중 전대통령의 경우 말머리 부분에 '에~'하는 어투가 그의 트레이드마크였다. 이 말투는 국민들에게 인기가 많았고 그의 연설을 듣는 이유 중 하나가 되었다. 목소리가 크다든지, 말을 하면서 독특한 개성이 드러난다든지 하는 등의 트레이드마크는 본인을 기억하게 할 뿐만 아니라 본인이 한 말까지 기억하게 해준다.

한 번 보고 잊히는 사람이 될지, 한 번 보아도 기억에 남는 사람이 될지는 자신의 선택이다. 인기 코미디언이었던 '박경림'의 경우만 봐도 그러하다. 허스키한 목소리와 네모난 얼굴이 그녀의 트레이드마크이자 인기 비결 중 하나였다. 사람들이 그런 특징으로 그녀를 기억한 것이다.

우리는 링컨 대통령을 기억할 때 그의 덥수룩한 턱수염을 떠올린다. 그는 한 소년으로부터 턱수염을 기르면 아주 멋있을 것 같다는 편지를 받고 난 뒤 턱수염을 기르기 시작했다. 대통령 선거가 무르익어 가는 때였으므로 링컨은 자신의 이미지 메이킹의 일환으로 턱수염을 기르기 시작했다. 결국 턱수염은 링컨의 트레이드마크가 되었다.

가장 먼저 자신만의 이미지를 각인시킨 트레이드마크는 다른 사람들에게 오래 기억된다. 그것은 그 사람을 기억하는 하나의 상징적 부호가 된다. 사람들은 그 상징적 부호를 통해 상대방을 기억하며, 전체적인 이미지를 그려낼 수 있다.

사회생활을 하는 사람이라면 누구보다도 말로 당당해지고 싶을 것이다. 우물쭈물 거리고 자기표현에 소극적이라면 사회생활에 큰 어려움을 겪을 것이다. 요즘 회사원들은 프레젠테이션이나 아침회의 등 여러 사람 앞에서 이야기해야 할 상황이 많다.

남 앞에 나서는 용기는 자신 안에서 키워야 한다. 그러려면 자신을 향한 자신감을 키우고 내적으로 긍정적인 태도를 가꾸는 것이 먼저다. 끊임없는 자기 암시와 착실한 준비, 경험 등을 총동원하면 점차 달변가로 변할 것이다. 또한, 긴장하는 것은 완전히 없애야만 하는 것은 아니다. 그것은 좋은 자극제이지 결코 장애물은 아니기 때문이다.

말하는 것의 즐거움은 사람들이 내 말에 고개를 끄덕일 때 생긴다. 머뭇거리지 말고 입을 열어야 한다. 그 경험이 쌓이면서 자신감 넘치는 행동으로 이어져 새로운 모습이 만들어질 것이다.

외교관으로 평생을 보낸 전 미 국무장관 헨리 키신저는 최고의 화술가로 꼽힌다. 그가 제일 잘했던 것은 바로 남의 의견을 물어보는 것이었다. 그는 여러 분야의 전문가였음에도 상대방에게 기회를 주기 위해 자주 말을 끊고 '당신은 어떻게 생각하십니까?'라고 물었다. 또한, 대화에 적극적이지 않은 사람일수록 가까이에 앉히고 함께 대화하려고 애썼다.

미국의 대통령 중 가장 말을 잘하는 대통령으로는 루즈벨트 대통령을 꼽을 수 있다. 그는 탁월한 화술로 1920년 말기 대공황에 빠진 미국인들에게 미래에 대한 희망을 주었다. 그 당시 대공황은 미국 경제를 부도위기로 만들었다. 1천만 명이 넘는 실업자가 생겨났고 부랑자들이 곳곳을 횡행했다. 이런 암울한 시대 배경에서 1932년 대통령에 입후보한 루즈벨트는 이렇게 말했다. '불행에 빠진 사람들을 원조하는 것은 개인의 문제가 아니라 사회의 책임이다. 그

러므로 그들을 구제하는 것은 정부의 중요한 정책이 되어야 한다.'
라고 강력히 주장하였다. 마침내 경쟁자를 제치고 32대 대통령이
된 루즈벨트는 대통령 취임사에서 국민들을 향해 외쳤다. '미국의
힘에 자신감을 가지십시오. 우리가 두려워해야 할 것은 두려움 그
자체입니다.'

그는 대공황을 극복하기 위하여 뉴딜 정책을 펼치기로 하는데,
국민들은 이를 믿지 못하고 은행에서 돈을 빼내기에 급급했다. 루
즈벨트는 말로써 국민들을 설득했다. 그의 합리적인 설명에 사람들
은 예금하는 것을 멈추지 않았고 결국 정책을 성공으로 이끌어 불
황을 극복할 수 있었다.

그는 자신이 얼마나 미래를 낙관하고 있는지를 보여주기 위해 항
상 파이프를 물고 여유로운 미소를 지었다. 그가 행한 연설은 자신
의 인격과 희망 그 자체였다. 이것이 오늘날의 미국을 만든 원동력
이 되었다.

루즈벨트 대통령의 경우에서 볼 수 있듯이 말은 한 나라를 일으
켜 세울 만한 위대한 힘을 가지고 있다.

옥스퍼드 대학 졸업식에서 축사를 하기 위해 연단에 오른 처칠은
긴 침묵 후 이렇게 입을 열었다. '포기하지 마라.' 장내가 술렁거렸
지만 처칠은 다시 침묵했다. 그리고 두 번째 말을 이었다. '절대로
포기하지 마라, 절대로.' 자신이 얘기할 차례에서 잠시 침묵을 지키
는 것은 다른 사람의 이목을 끌게 된다. 어떤 부하를 꾸짖을 때도

잠시 침묵을 유지하는 것은 상대를 더욱 두려움에 떨게 하고 깊은 반성을 유도할 수 있다.

청중은 내용보다 이미지를 기억한다. 잘 알려진 미국의 한 조사에 따르면, 청중들이 인지하는 메시지는 7%가 글, 38%가 목소리, 55%가 말로 하지 않는 태도나 자세의 의사소통에 좌우된다고 한다. 실제로 커뮤니케이션을 하는 태도에 따라서 열정을 가지고 있어도 실제보다 덜 열정적으로 비칠 수도 있고, 반대로 자신이 알고 있는 것보다 더 많이 아는 전문가로 보이게 할 수도 있다.

사람은 누구나 가치 없는 것이나 재미없는 것을 외면한다. 연설은 내용의 가치와 재미의 가치가 잘 조화되어 어울릴 때 더욱 효과를 발휘한다. 연사는 맛있는 음식을 만들어내는 요리사와 같다. 요리사는 고객의 입맛에 맞추어 맛을 내야 하고, 또 충분한 영양분을 음식에 포함시켜야 하는 것처럼, 연사도 청중에게 값진 내용과 흥미를 유발시켜야 한다. 즉, 유능한 연사는 청중이 좋아하는 화제를 제공하면서도 교훈적인 말을 하는 사람이다.

미국의 유명한 사상가이자 웅변가인 에머슨은 연사의 사명에 대해 다음과 같이 말했다. '연사란 청중에게 유쾌한 말로 즐거운 마음을 불어넣고, 교양을 높여 주며 지도하는 사람이다.'라고 하였다. 교훈적이며, 즐거운 말을 하도록 연사는 사전에 철저히 준비하여야 한다.

확신을 심는 것도 스피치를 할 때 중요하다. 일부 전문직 연사는 전문 용어나 어려운 외국어를 즐겨 사용하는 경우가 있다. 이런 경우, 그 연사는 전문적인 식견은 인정받을 수 있을지 몰라도 청중이 잘 알아듣지 못하므로 공감대를 형성하기는 어렵다. 이런 스피치를 좋은 스피치라고 하기는 힘들다. 특히, 많은 사람을 대상으로 하는 스피치는 글자 그대로 여러 사람을 알기 쉬운 말로 알기 쉽게 설득하는 것이다.

그래서 대중 스피치는 연사의 지식을 자랑하거나 연사의 수준에서 하는 말이 아니라, 대중의 수준에서 그들을 이해시키고 납득시키고 공감시키는 것이다. 그래서 청중을 잘 납득시키려면, 누구든지 알고 있는 사실을 사례로 들어서 이해시키는 것이 바람직하다. 청중에게 직접 연관이 되고, 연설의 흐름을 도울 수 있는 것을 구체적으로 드라마틱하게 이야기하여야 한다.

장작더미에 불을 붙이려면 먼저 성냥개비가 불타야 하듯이, 청중을 감동시키려면 먼저 연사 자신이 열정적으로 불타오르지 않으면 안 된다. 열정적이고 박력 있는 말이란 청중을 향한 연사의 눈동자가 빛나고, 목소리가 용솟음치듯이 방사되며, 태도가 생동적으로 표출되는 박진감 넘치는 표현이다. 히틀러도 열정과 언어의 마력을 사용해 청중을 휘어잡았다. '위대한 역사적 운동에 의해 초래된 권력은 예외 없이 말하는 기술, 즉 언어의 마력에 의존하고 있다.'라는 문구를 명심해야 한다.

훌륭한 스피치의 기준은 길이가 아니라 깊이에 있다. 함축성 있고 강렬한 말로 여운을 남겨야 한다. 처칠의 연설은 짧으면서도 함축성 있는 말이라는 사실을 알아야 한다. 그리고 위대한 연설은 대부분 감동적인 짧은 말로 마지막을 장식했다는 사실도 기억해야 한다.

《 스피치를 잘하기 위한 기법 》

1. **오프닝을 공들여 준비하라** : 깜짝 놀랄만한 통계나 유머러스한 인용구로 청중의 주의를 사로잡는다.

2. **일화, 실례, 증거를 많이 사용한다** : 청중에게 직접 연관이 되고, 연설의 흐름을 도울 수 있는 구체적 통계자료를 인용하여 명확한 수치를 제시하면 청중에게 객관적 신뢰도와 중요성 인식을 심어주는 데 매우 효과적이다.

3. **구어체를 쓴다** : 듣는 사람으로 하여금 친근감을 느낄 수 있도록 일상회화에서 사용되는 쉬운 단어, 짧은 문장, 반복, 질문 등이 많이 포함된 구어체 문장을 구사한다.

4. **시각적으로 묘사한다** : 시각적으로 묘사하면 청중들의 상상력을 자극하여 똑같은 메시지라도 훨씬 강렬한 인상을 준다.

5. **기쁘고 편안하게 말한다** : 연사가 여유 있고 편안해 보이면 듣는 사람들도 부담이 없다. 연사가 마지못해 이야기하는 것처럼 보일 경우 감동받을 청중은 한 사람도 없다.

6. **긍정적으로 이야기한다** : 사람들은 두려움을 자극하는 사람보다는 희망을 주고 용기를 주는 사람을 좋아한다.

7. **활기차게 말한다** : 연사가 활기 있게 이야기하는데 졸고 있는 사람은 별로 없을 것이다. 청중의 분위기는 연사가 컨트롤하기 마련이며, 연사는 얼굴에 생기를 띠고 활기차게 말하라.

8. **진지하게 말한다** : 훌륭한 연설이 말로 그치는 빈껍데기가 아니라는 사실을 입증하기 위해서는 말 한마디 한마디를 진지하게 해야 한다. 적어도 그렇게 보이도록 해야 한다.

9. **자신 있게 말한다** : 자기가 말하고 있는 것을 분명히 알고 있다는

인상을 줘야 한다. 권위자로 초빙된 연사가 확신 없이 말하면, 청중의 실망은 이만저만한 것이 아니다.

10. **청중에게 골고루 시선을 준다** : 허공이나 원고에 시선을 고정시키거나 한쪽만 집중적으로 보지 말고, 청중 한 사람 한 사람에게 따뜻한 시선을 골고루 보낸다.

자료 출처 : 이창호, 칭찬의 힘

마지막 부분의 짧고 강렬한 말 몇 마디가 앞의 긴 연설 전체보다 더 무게 있고 창조적이며 깊은 여운을 남기는 말이다. 미국의 독립전쟁을 승리로 이끈 패트릭 헨리의 '나에게 자유를 달라! 그렇지 않으면 죽음을!'이라는 말과 맥아더 장군의 '노병은 결코 죽지 않는다. 다만 사라져 갈 뿐이다.'라는 말도 우리에게 깊은 울림을 선사한다.

미국 44대 대통령 버락 오바마는 연설의 대가다. 그는 명연설가의 비결을 실천했으며, 나아가 밝고 환한 미소, 위엄이 느껴지는 동작에, 비전을 제시하고 미국인에게 혼을 넣는 연설을 하여 청중을 흥분의 도가니로 몰아넣었다.

즉, 오바마는 현실을 정확히 진단하고, 구체적이고 간결하게 표현하며, 진실로써 소통해서 청중에게 영감을 불어넣었다. 탁월한 리더는 연설을 하더라도 오바마 대통령처럼 명연설을 실행하고, 나아가 최선과 열정을 다해야 한다. 리더는 명연설가의 비결을 익혀 리더십을 발휘하는 데 효과적으로 사용할 수 있는 능력을 배양해야 한다.

영국의 극작가이며 평론가인 버나드 쇼는 스피치가 스케이트와 같다고 말했다. 스케이트가 훈련으로 실력이 향상되는 것처럼 스피치도 마찬가지라는 것이다. 잘하겠다는 마음가짐으로 잘한다는 소리가 들릴 때까지 연마한다면 어느 순간 스피치의 달인이 되어있을 것이다.

고대 그리스의 대 웅변가 데모스테네스는 말더듬이였다. 하지만 그는 발음을 정확하게 하기 위하여 입속에 작은 돌멩이를 넣고 발음연습을 하였으며, 호흡을 키우기 위하여 가파른 언덕을 뛰어 오르며 발성연습을 했다. 제스처를 잘하기 위하여 거울을 보고 연습하였고, 어깨를 추켜올리는 버릇을 고치기 위하여 예리한 칼날 밑에서 연습했다. 이처럼 수많은 연습과 훈련 없이 스피치 능력은 결코 신장되지 않는다.

스피치의 모든 주제 대부분은 시간이나 공간, 화제에 결부된 논리적 순서를 이용하여 발전시켜 나가야 한다. 예를 들면 시간적 순서에 따르는 주제를 과거, 현재, 미래의 세 가지 범위 아래서 생각하는 것이다. 혹은 어느 날부터 시작해서 어느 날까지 계속해야 하는가를 생각해 본다.

스피치는 원칙적으로 짧으면 짧을수록 좋다. 타인의 말에 정신을 집중해서 들을 수 있는 시간은 3분 내외라고 한다. 이 책에서 3분간의 스피치를 기준으로 제시한 것은 그 이유이며, 링컨의 게티스버그 연설도 5분이 채 안 되는 것이다.

명연설가인 케네디 대통령이 "국가가 나를 위해서 무엇을 해줄 수 있느냐를 묻지 마시고 여러분이 국가를 위해 무엇을 할 수 있는 가를 생각해주기 바란다."라고 호소한 연설은 짧으면서 마지막의 강한 문장으로 미국인의 인상에 깊이 남은 명연설이다.

《스피치는 스케이트와 같다》

○ 피터 드러커는 " 인간에게 가장 중요한 능력은 자기표현이며, 현대의 경험이나 관리는 커뮤니케이션에 의해 좌우된다."고 언급했다.

○ 좋은 스피치의 요건은 크게
  내용(Contents), 전달(Delivery)하는 기술,
  청중(Audience)을 고려, 말하는 이 (Speaker)의 설득력

○ 탁월한 스피치의 기본원칙은 시작할 때 천천히, 또박또박, 자연스럽게 하여야 한다.

서울시청 스피치 동호회 남이섬 방문 사진 2015.11

서울시청 스피치 동호회 마니산 방문 사진 2015.5

상대를 설득할 수 있는 최선의 방법은
그의 주장에 귀 기울이는 것이다.

- 딘 러스킨

경청을
잘하라

　말을 잘하는 사람은 남의 말을 잘 듣는 사람이다. 듣는 사람이 편안하고 안정된 태도를 보이면 말하는 사람도 안정되고 편안한 상태가 되어 대화의 분위기도 좋고 말을 자연스럽게 이끌어 나갈 수 있다. 상대방의 말을 이해하지 못했을 때는 적절하게 의사표시를 하는 것도 중요하다. 상대방의 말에서 풍기는 시사점과 부여하는 의미 등을 알아차리려는 노력을 의도적으로 해야 한다.

　세계적으로 성공한 사업가 빌 게이츠는 언제나 고객의 업무 환경을 좀 더 편안히 만들 수 있는 방법을 고심했다. 또 그렇게 하기 위해서 가장 중시한 태도는 고객의 목소리에 귀를 기울이는 것이었다. 그는 자기 자신보다 더 나은 서비스나 프로그램이 개발될 수 없을 것이라고 생각했다. 왜냐하면 남들보다 많은 이야기를 듣기 위해 노력하는 것이 빌게이츠의 사업전략이었기 때문이다.

탈무드에 "인간은 입이 하나, 귀가 둘 있다."라고 하였다. 이 말의 뜻은 말하기보다 듣기를 두 배 더 하라는 뜻이다.

셰익스피어는 "세련된 화법은 듣는 것으로부터 출발한다."라고 하였다. 경청은 예의바른 행동이며 화자에 대한 존경의 표시이다. 따라서 진지한 경청은 상대를 존중하는 가장 좋은 표현이다.

세계적인 토크쇼 1인자 오프라 윈프리는 뛰어난 달변가라기보다는 공감과 경청의 달인이라고 한다.

철강왕 앤드류 카네기는 "말을 잘하는 것은 지식이지만, 말을 잘 듣는 것은 지혜다."라고 하였다. 잘 들어라! 그것이 상대를 사로잡는 최강의 비법이다.

현대인의 필수품이라고 여겨지는 화술은 자기계발의 가장 기본적인 시작이다. 훌륭한 대화는 상대방의 마음을 열 뿐 아니라 움직이게 만든다. 이는 진실과 열의, 경청하는 자세가 상호 간에 조화롭게 어우러져야지만 가능한 것이다. 이기기 위해서 대화하는 것은 바람직하지 않다. 대화는 상대방과 승부하는 도구가 아니다. 말을 능숙하게 한다고 해서 상대방을 제압하는 것이 대화의 목적이 아니다. 말을 아끼고 아껴서 머릿속으로 정리되어 나온 진실한 말들이 가슴을 뜨겁게 해주는 것이라야 진정한 대화가 될 수 있다.

누군가의 얘기를 경청해주는 일은 그 사람에게 아주 드물고 값진 선물 중 하나이다. 이 선물을 주기 위해 우리에게 필요한 것은 의지와 연습뿐이다. 주변에서 벌어지는 대화를 유심히 관찰해 보면, 사람들은 모두 말할 타이밍만 기다리고 있다. 타인의 말에 귀를 기울이기보다는 자신의 관점을 표현할 기회만을 노린다. 가끔은 은근히 상대방의 대답을 강요하거나, 적당한 말로 재빨리 대꾸한 뒤 대화의 주도권을 다시 가져오려고 한다.

이런 모습은 대화 자체를 즐기는 모습은 아니다. 마치 서로 치고받는 권투나 탁구 시합처럼 보일 뿐이다. 서로를 몰아붙이는 이런 식의 대화는 상대방이 말을 끝내기도 전에 끊어버리고 관점을 비판하려고만 든다. 스스로를 과장해서 반응하게 하고, 오해의 불씨를 키운다. 가장 심각한 것은, 서로가 불순한 동기를 갖고 있다고 의심하면서 편견을 가지게 되는 것이다.

상황이 이렇게까지 악화되면 서로를 향해 자주 짜증을 내고, 귀찮아하게 된다. 상대방의 얘기에 경청하는 기술이 거의 없는 사람에게 친구가 있다는 것은 불가능에 가까운 일일 것이다.

필자는 인생의 대부분을 이야기할 차례를 기다리며 살아왔다. 자신의 성향도 이와 비슷하다면 경청했을 때 바뀌는 놀라운 변화를 체감할 수 있을 것이다. 경청을 하면 대화하는 상대방의 반응이 훨씬 부드러워지면서 놀란 표정을 짓는 모습을 볼 수 있다. 또한, 자신 역시 기분이 좋아지는 경험을 할 수 있다.

얘기할 차례를 갖지 못하지는 않을까 노심초사할 필요는 전혀 없다. 대화를 하는 두 사람이 훨씬 더 차분하게, 덜 서두르면서 이야기를 나누면 효과는 배로 늘어난다. 만약 내가 먼저 존중과 인내력을 보여준다면 상대방은 그에 감동해 똑같은 방법으로 나에게 보답할 것이다. 그것이 바로 경청의 힘이다.

우선, 경청을 하기 위해서는 사전 준비를 철저히 해야 한다. 우리는 그동안 '말하기'에 지나치게 집중해왔기 때문에, '듣기'라는 분야에서는 방법을 잘 모른다. 처음에는 습관이 되어있지 않기 때문에 연습이 필요하다. 사전준비는 바로 그 연습의 과정이다. 이야기를 듣는다고 해서 아무런 준비가 필요치 않은 것은 아니다. 아는 만큼 질문을 할 수 있다. 준비를 철저히 하면 할수록 더 핵심적이고 본질적인 질문을 할 수 있게 된다. 이는 상대방에게 긍정적인 인상을 남기는 데에도 효과적이다.

비판적으로 듣는 자세도 필요하다. 상대방의 말이라고 해서 무조건 수용해야 할 것은 아니다. 때로는 스스로 도취되어 진실과 거짓을 혼동할 수도 있고 지나치게 과장할 수도 있다. 시류에 어긋나는 말이 될 수도 있다. 이럴 때 무조건 받아들이기보다는 비판적인 자세로 어떤 것이 옳고 그른지 스스로 분별할 줄 알아야 한다.

또, 말하는 사람의 목적이 무엇인지 생각하면서 듣는 것이 상대방의 말을 빨리 이해하는 데 도움이 된다. 핵심을 파악할수록 대화나 질문이 더 쉬워질 수 있다.

비언어적 의사소통을 하는 것도 중요하다. 이런 의사소통으로는 적당히 고개를 끄덕이거나 시선이나 자세를 상대방 쪽으로 두는 것 등이 있다. 매우 단순한 움직임이지만, 상황과 맥락에 따른 적절한 행위는 사려 깊은 경청이라는 느낌을 준다.

또한, 비판적인 태도를 취했다고 모든 것을 부정적으로 대응하는 것도 좋지 않다. 대화를 한다는 것은 상대방을 이해해 보려는 노력을 한다는 것이기도 하다. 모든 사람이 성장배경과 처지가 다르다. 자신의 생각과 의견에 동의하지 않는 경우가 있는 것은 당연하다. 그럴 땐 먼저 상대방의 입장에서 그럴 수밖에 없는 이유를 찾아보는 것이 좋다.

상대방이 하는 말의 일부를 반복, 요약하는 것도 필요하다. 그렇게 하면 상대방은 자신의 말을 잘 경청해주고 있다고 생각하고, 또 잘 이해한다고 생각한다. 강조해서 한 말이나 중요한 부분이라고 생각되는 곳을 말해주면 상대방이 자기표현을 하는 데 더 도움이 된다.

말이 많으면 반드시 실언을 하게 마련이다. 말이 많은 사람치고 다른 사람들의 환영을 받는 경우는 드물다. 자기 이야기는 줄이고 상대방의 이야기에 귀 기울이는 사람은 어딜 가나 환영받는다. 조용한 자세로 상대에게 귀 기울이는 것이야말로 상대방에게 관심을 나타내는 최고의 표현이다.

말하기와 듣기에도 비율이 있다. 듣기는 상대를 이해하기 위한 방법이고 말하기는 남에게 나를 이해받기 위한 수단이다. 대화를 세련되게 하는 사람은 말하기와 듣기의 비율을 4:6으로 실천한다. 3:7이 될 수도 있다. 그러나 이것은 어디까지나 도식화된 것일 뿐 절대적인 것은 아니다. 대화는 자연스럽게 이어지는 것이 최고다. 듣고 말하기가 자연스럽게 어우러진다면 대화는 저절로 생동감이 넘치고 즐거워진다.

결국 상대방과 진정으로 소통하는 방법은 말을 아낌으로써 경청의 효과를 극대화하는 것이다. 말을 많이 하다 보면 대부분 얄팍한 지식과 실력, 경박한 성품이 드러나게 되어있다. 물고기가 낚시에 걸리는 이유는 입을 벌리기 때문이 아닌가. 신이 인간에게 하나의 입과 두 개의 귀를 만들어준 이유는 말보다는 듣는 것에 더 집중하라는 뜻이라고도 한다. 상대방에게 말할 기회를 더 많이 주고 이를 주의 깊게 들어준다면 서로 소통하는 것은 아주 쉬운 일이 될 것이다.

《경청을 잘하라》

○ 세계적으로 성공한 사업가 빌 게이츠가 가장 중시한 태도는 고객의 목소리에 귀를 기울이는 것이었다.

○ 자기 이야기는 줄이고 상대방의 이야기에 귀 기울이는 사람은 어디에서나 환영받는다.

○ 말하기와 듣기의 비율을 4:6으로 실천한다. 3:7이 될 수도 있다.

○ 신이 인간에게 하나의 입과 두 개의 귀를 만들어 준 이유는 말보다는 듣는 것에 더 집중하라는 것이다.

나는 보기 위해 눈을 감는다.

– 폴 고갱

시대의 흐름에 앞선다

헨리 포드는 최초로 미국 자동차의 대중화를 이끈 인물이다. 그가 1903년에 '포드사'를 설립하기 전까지 자동차는 부유층만 사용할 수 있는 제품이었다. 워낙 고가의 상품이기도 했고 유지비가 만만치 않게 들었기 때문이었다. 포드는 자동차가 부유층에게만 이용되는 것에 만족하지 않았다.

자동차가 대중에게도 소비되려면 무엇보다도 값이 저렴해야 했다. 포드는 컨베이어 벨트를 최초로 소개한 사람이기도 한데, 이 컨베이어 벨트를 이용한 생산 방법은 제조 과정에서 시간과 비용을 급격하게 감소시켰다. 이 방법은 그 당시 자동차 값의 3분의 2를 절감했고 많은 사람들이 포드 회사의 자동차를 구입하기에 이르렀다.

헨리 포드가 그렇게 불타나게 자동차를 팔 수 있었던 이유는 시대의 변화를 잘 파악하고 그 흐름에 앞장섰기 때문이었다. 그는 자동차가 장점을 아주 많이 가진 교통수단이라고 생각했고 비용만 절감한다면 중산층에게도 팔릴 수 있을 것이라고 판단했다. 그리고 그 생각대로 생산 비용을 줄이는 방법으로 컨베이어 벨트 방식을 도입했고 결국은 성공을 거두었다.

시대의 흐름을 잘 읽어낸다는 것은 수많은 정보를 선점·선별하고 조합하는 능력이 뛰어나다는 것이다. 포드는 자동차 산업분야의 정보와 기술을 모두 파악하고 있었다. 그리고 자동차 제품이 지나칠 정도로 부유층에서만 소비되고 있는 현실을 발견했다. 그 현실은 제조과정의 비효율성이라는 한계 때문이었고, 포드는 그 한계를 돌파할 새로운 방법을 찾아내서 보완함으로써 성공할 수 있었다.

세계적으로 인기 있는 직종 중 하나가 '기상 전문가'이다. 기업들이 세분화될수록 기상에 영향을 받는 기업 또한 증가해왔다. 항공회사나 전력회사, 건설현장, 심지어는 백화점의 세일기간마저도 기상에 따라 좌우된다. 기업의 특수성에 맞춰 기상을 읽어내는 것이 판매전략을 짜는 데 중요한 역할을 하는 것이다.

기상 전문가가 요즘 떠오르고 있는 까닭은 그 직업이 미래를 예측하고 파악하는 역할을 하기 때문이다. 과학기술이 발전됨에 따라 자연이 파괴되는 것은 당연한 수순이었고, 우리는 다양한 기상이변에 노출되어 있다. 순식간에 떠오르다가도 순식간에 몰락하는 것이 현대 자본주의 사회이다. 만약 기상에 영향을 받는 산업체라면 엘니뇨나 라니냐, 원인을 알 수 없는 가뭄과 태풍 등을 예측해서 사업에 이용할 수 있어야만 살아남을 확률이 높아진다.

몇몇 대기업은 사원 채용기준을 자꾸 변화시킨다. 사원들에게 획일적인 기준을 적용시키는 것은 평범한 기준을 적용시킨다는 것과 마찬가지이다. 결국 그런 기준으로는 업무태만과 실적저하를 일으킬 수 있다는 것을 발 빠르게 파악한 덕분이다. 각자의 개성과 특이사항을 존중하는 것은 독창적인 사고를 이끈다. 이러한 사고는 종종 아무도 하지 못한 '최초의' 아이디어가 되기도 하고 결국 시대의 '선구자'를 만들기도 한다. 그렇기에 획일적인 평범한 기준의 사원이 아닌 변화하는 개성의 사원을 원하는 것이다.

《시대의 흐름에 앞선다》

○ 최초로 미국 대중화를 이끈 헨리 포드가 자동차를 불티나게 팔 수 있었던 이유는 시대의 변화를 잘 파악하고 그 흐름에 앞장섰기 때문이다.

○ 요즘 기상 전문가가 떠오르고 있는 까닭은 그 직업이 미래를 예측하고 파악하는 역할을 하기 때문이다.

실패를 있는 그대로 정직하게 받아들일 때
어두운 과거로부터 자유로워지고 밝은 미래를
준비할 수 있다.

– 찰스 C. 만즈

실패를
두려워하지 마라

누구나 인생에 한 번쯤은 실패를 경험한다. 그 실패를 어떻게 다루느냐가 성공하는 사람과 그렇지 못한 사람을 가른다. 성공하는 사람이 더 똑똑하고 재능이 많아서 실패를 효과적으로 극복해 내는 게 아니다. 오히려 우스워 보일 수도 있는 작은 마음가짐이 실패를 넘어서는 힘을 발생시킨다. 그것은 바로 포기하지 않고 다시 도전하는 마음가짐이다.

구족화가로 활동하는 단국대 오순이 교수는 세 살 때 경남 마산시 집 앞 철길에서 놀다가 사고가 나서 두 팔을 잃었다. 그러나 그녀의 부모님은 팔 대신 두 발로 생활할 수 있도록 혹독한 훈련을 시켰다. 삶의 희망을 버리지 않았던 것이다.

초등학교 4학년 때 그녀는 미술 선생님에게 소질이 있다는 얘기를 듣고 진로를 정한다. 그렇게 그림에 대한 꿈을 키워나가던 중 우연한 기회로 TV 프로그램에 나가게 된다. 그를 본 단국대 총장의 후원으로 단국대를 수석졸업까지 한다. 그러나 그녀는 거기서 그치지 않았다. 2011년에 중국 미술학원 박사학위를 취득하였고 단국대 교수로서 활발히 활동하기에 이른다.

그녀가 두 팔을 잃고 모든 것을 포기했다면 그 뒤에 따라온 드라마 같은 일들은 일어나지 않았을 것이다. 아마 평생을 고통 속에 살다가 아무도 모르게 죽었을지도 모른다. 하지만 그녀의 부모님은 포기하지 않았고, 그녀도 포기하지 않았다.

야구계의 살아있는 전설 칼 립켄 주니어 선수나 뉴욕 양키스팀의 1루수이며 4번 타자로 백만 불짜리 타선이라는 평을 받았던 루게릭 선수는 불굴의 의지를 발휘하고, 헬렌 켈러는 시각장애라는 역경 속에서도 끊임없이 배우고 도전한 학구열 때문에 성공할 수 있었다.

우리가 한계라고 부르는 것들은 성공으로 가는 필수 단계 중 하나일지도 모른다. 만약 많은 한계들이 있을 때마다 주저앉아버린다면 바로 앞에 있던 성공을 아깝게 놓쳐버리는 꼴이 된다. 한계를 받아들이되 다시 일어나서 넘어서려는 노력을 게을리해서는 안 된다.

하지만 보통 사람들은 실패를 경험하면 그 원인에 지나치게 연연한다. 그리고 스스로에게, 또는 주변 사람들에게 그럴 수밖에 없었음을 피력한다. 그런 변명조의 원인규명에 집착한 나머지 새로운 도전을 할 에너지를 잃어버리고 만다. 그 실패는 긴 인생의 한 부분

일 뿐인데 스스로 인생 전체가 실패해버렸다고 믿어버리는 것이다.

성공한 사람도 실패의 원인에 관심을 가지지만, 그들은 실패에 대한 관심이 오랫동안 머물러있지는 않다. 자신의 실수를 인정하고 새로운 방법을 모색한다. 그리고 새로운 방법에 망설이지 않고 도전한다. 그들에게 실패는 인생 전체의 실패가 아니라 인생의 한 부분으로 넘어갈 실패, 혹은 성공으로 도약할 수 있는 실패인 것이다.

변명하는 것에 시간을 낭비하는 것은 어리석은 행동이다. 재능이 없기 때문에, 가정환경이 불우해서, 신체적 조건이 열등해서, 하는 등의 변명은 좀 더 나아지도록 노력할 수 있는 시간을 빼앗는다.

네 손가락의 피아니스트로 유명한 이희아는 선천적으로 손가락이 네 개이고 키가 103cm이다. 그러나 그녀는 그러한 신체 조건에 절망하는 대신 좋아하는 피아노를 쳤다. 결국 그녀는 당당하게 희망을 전하는 피아니스트가 되었다.

스티븐 호킹은 21살 때 루게릭 병과 2년 시한부 인생을 진단받았지만 적극적으로 병을 이겨내고 상대론과 우주론 연구를 시작했다. 1985년에 폐렴으로 목소리마저 잃게 되지만 그는 여전히 포기하지 않았다. 케임브리지 대학 기술자들의 도움으로 특수 장치가 달린 휠체어를 이용하여 말도 하고 글도 쓸 수 있게 된다. 그는 아인슈타인의 뒤를 잇는 천재 물리학자로 불리며 현재까지도 엄청난 영향력을 발휘하는 과학자이다.

이런 장애가 있는 사람들도 하는데 우리가 못 한다는 건 변명일 뿐이다, 라는 비교성의 가벼운 이야기를 하려는 것이 아니다. 그들이 자신의 한계를 슬퍼하는 대신 좋아하는 일에 최선을 다해 노력한 열정이 이 장에서 얘기하려는 핵심이다.

정도의 차이가 있을 뿐이지 이희아나 스티븐 호킹이 부딪힌 현실의 벽을 우리도 가지고 있다. 그 현실의 벽을 넘는 순간, 즉 한계나 실패가 될 수도 있는 그 벽을 넘는 순간이 성공으로 성큼 다가갈 수 있는 기회이다.

《실패를 두려워하지 마라》

○ 구족화가로 활동하는 단국대 오순이 교수는 사고로 두 팔을 잃었으나, 그녀의 부모님은 팔 대신 두 발로 생활할 수 있도록 혹독한 훈련을 시켜 삶의 희망을 버리지 않았다.

○ 네 손가락의 피아니스트 이희아는 절망적인 신체조건에도 불구하고 좋아하는 피아노를 쳐서, 유명 피아니스트가 되었다.

○ 스티븐 호킹은 21살 때 루게릭 병과 2년이라는 시한부 인생을 진단받았지만 적극적으로 병을 이겨내고 상대론과 우주론을 깊게 연구를 하여 위대한 과학자가 되었다.

성공한 사람의 가장 큰 비밀은
목표를 정하고 성취해내는 것이다.

- 핸리 포드

목표를
확실하게 정하라

인생에서 가장 중요한 것은 확고한 목표를 정하는 일이다. 많은 사람들이 인생에서 길을 잃어버리는 이유는 확실한 목표를 설정하지 않았기 때문이다. 하나의 목표에 집중하면 더 강력한 열정이 생긴다. 두 마리 토끼를 잡으려고 하다가는 두 마리 토끼 모두 잃는 법이다.

무엇보다 무엇을 할지, 또 무엇이 되고 싶은지에 대한 목표를 정하는 것이 중요하다. 성공의 길은 다양하지만 야망을 가진 사람이 성공할 확률이 더 높은 것이 사실이다. 헨리 포드는 겨우 성인 3%만이 목표를 글로 적는다고 주장한다. 목표는 분명하게 글로 적는 것이 달성할 확률이 높다.

보통 목표를 말하라고 하면 대부분 막연한 이야기를 하곤 한다.

부자가 되고 싶다, 유명인사가 되고 싶다 등의 목표에는 구체적인 계획이 없다. 부자나 유명인사가 되고 싶다는 것은 매우 포괄적인 목표이다. 그 목표로 향하는 수많은 세부 목표가 필요하다. 그리고 그 세부 목표들이 포괄적인 목표로 향하는 계획이 되는 것이다.

에마 커티스 홉킨스는 '뚜렷한 하나의 목표에 집중하는 것, 그리고 그 밖의 모든 산만한 것들을 거부하는 데에 성공이 달려있다'라고 얘기했다. 즉, 세부적인 목표들을 집중적으로 달성해나가다 보면 결국 최종목표에 도달할 수 있다는 것이다.

현대사회는 선택의 사회라고도 할 수 있을 만큼 수많은 선택들로 세분화되어 있다. 음식을 먹으려고 할 때도 취향에 따라 한식, 중식, 일식, 양식, 한식 중에서도 비빔밥, 콩나물밥, 김치찌개, 된장찌개, 보리밥 등 여러 가지가 있지만 특별히 한 가지 음식에 집중하여 만들어야 큰 성공을 이룰 수 있다.

내과 내원이 필요하여 병원에 갈 때도 ○○의원, ○○내과보다는 대학병원과 같이 세부적으로 진료를 하고 있는 내과 중에서도 세부전공으로 선택하고 진료를 하는 시대이다. 따라서 병원들도 환자들의 욕구에 따라 내과도 신장내과, 순환기내과, 심장내과, 호흡기 내과 등 세부적으로 분류하여 진료하여야 한다.

이처럼 목표도 당연히 세분화되어야 한다.

목표는 결국 삶의 방향성과 직결되는 문제이다. 목표에는 자신의 가치관이 녹아있다. 목표를 하나씩 이루어 나가다 보면 결국 마지막에는 '내가 원하는 나의 모습'을 만나게 된다. 그러므로 목표는 단순히 성취하고 끝나는 것이 아니라 '나의 존재와 정체성'이 된다.

확실한 목표설정은 남이 해주는 것이 아니다. 스스로 해내야 하는 부분이다. 그 누구도 대신 해줄 수 있는 것이 아니다. 또, 열정을 가지고 있어야 하는 것은 지극히 당연하다. 열정은 그 목표를 이룩할 수 있도록 행동하게 하는 에너지원이다. 에너지가 없다면 움직이는 것조차 힘들 것이다.

마지막으로, 실현 가능성과 실현을 위한 구체적인 일정이 있어야 한다. 구체적인 일정이 없다면 자신의 목표에 지나치게 무관심할 수 있다. 진정 성공하기 위해서라면 목표 하나 세우는 것조차 쉽게 이루어지지 않는다. 좀 더 많이, 좀 더 꼼꼼히 세부 계획을 짜는 사람만 성공의 문턱에 가까이 다가갈 수 있다.

《목표를 확실하게 정하라》

○ 인생에서 가장 중요한 것은 확고한 목표를 정하는 일이다.
○ 에마 커티스 홉킨스는 '뚜렷한 하나의 목표에 집중하는 것, 그리고 그 밖의 모든 산만한 것들을 거부하는 데에 성공이 달려있다'라고 하였다.

탁월한 리더는 자신을 따르는 사람들의
자존감을 고양하기 위해 갖은 노력을 다한다.
스스로를 믿는 사람들은 놀라운 일을 해낸다.

– 샘 월튼

칭찬하는
리더

　리더와 보스의 차이를 아는가? 최근 인터넷에서 화제를 모은 그림이 있다. 리더는 어떤 해결해야 될 문제나 상황이 있을 때 직원들 맨 앞에 서서 무리를 이끈다. 리더와 직원들의 관계는 수평적이고 리더의 솔선수범으로 직원들은 더 열심히 일한다. 반면 보스 쪽의 그림은 리더 쪽과는 사뭇 다르다. 보스는 문제 상황 위에 가만히 앉아서 명령만 한다. 그것을 끌고 나가는 것은 직원들이다. 그들의 관계는 수직적이다.

　당연히 보스보다는 리더가 되어야 한다. 보스는 조직을 경직되게 만들고 정체되게 만들기 때문이다. 좋은 리더란 능력과 겸손함을 바탕으로 모범적인 생활을 하고 구성원에게 희망을 주는 사람이다. 리더십이 중요한 요인인 이유가 있다. 앞서 말했듯이 성공은 혼자서 이뤄낼 수 있는 것이 아니다. 물론 음악가나 작가 같은 예외도 있지만 그런 사람들마저도 주변의 많은 도움을 받는다.

리더십이란 좋은 리더가 갖출 덕목으로, 능력과 겸손함을 바탕으로 모범적인 생활을 하고 구성원에게 희망을 주는 것이다. 크라이슬러 회장 아이아코카는 '리더십이란 모범을 보이는 것이다'라고 말했다. 나폴레옹은 '희망을 파는 상인'이라고 했다. 존. F. 케네디는 '리더십과 학습은 불가분의 관계'라고 주장했다. 모두 리더십의 중요성을 알아본 것이다.

박영석 산악인은 '세상의 주인은 따로 없다. 도전하는 자가 세상의 주인이다. 1%의 가능성만 있어도 절대 포기하지 않는다. 가장 무서운 건 나 자신이다. 나를 이기는 게 가장 힘들다.'라고 말했다. 그는 히말라야 산맥의 8,000m 이상 봉우리 14개를 등정한 사람이다. 그의 말에 따르면 결국 리더는 '단 1%의 가능성에도 포기하지 않고 진행하며, 나를 이기는 싸움을 하는 사람'이다.

리더는 지지와 충성을 기반으로 한다. 그를 지지하는 사람이 없다면 있으나 마나 한 존재가 된다. 아무도 그 사람의 얘기를 귀담아 듣지 않을 것이기 때문이다. 리더가 스스로 좋은 철학을 가지고 조직을 운영하려고 하면 리더의 목표가 구성원들의 목표가 된다.

결국 리더의 성공이 모두의 성공이 되는 것이기 때문에 한 사람의 꿈이 아닌, 모두의 꿈이 된다. 힘은 합치면 배가 된다. 좋은 리더와 좋은 구성원이 함께하는 조직은 폭발적인 힘을 낸다.

그렇다면 좋은 리더가 되는 방법은 무엇일까? 많은 사람을 이끌어나가는 자리이다 보니 자칫 잘못하면 보스가 되어버릴 수도 있다. 토머스. J. 네트와 제임스. M. 시트린은 성공한 비즈니스 리더들의 특징을 분석했으며, 그 내용은 다음과 같다.

첫 번째로 성공적인 리더들은 모두 끊임없는 열정과 지적능력을 가지고 있다. 특히 어떤 일이 닥쳤을 때 열정은 더욱 솟아나며 어떻게 해야 일의 능률이 오를지 손쉽게 파악한다.

두 번째로 리더와 구성원 사이에는 커뮤니케이션이 활발하게 이루어진다. 구성원의 말을 경청할 줄 알며, 또 분명하게 자신이 원하는 목표를 표현할 줄도 안다. 그런 대화가 자유롭게 이루어지는 분위기라면 구성원들이 편하게 의견을 제시하고 그것이 발전해서 좋은 아이디어로서 힘을 가지게 된다.

또한, 리더는 자만심을 견제할 수 있어야 한다. 물론 칭찬을 고맙게 받아들이는 것도 필요하지만 리더의 위치는 감언이설 역시 많이 들을 수 있는 자리이다. 누군가가 칭송을 하더라도 그것이 자신 혼자만의 힘이 아닌 것을 알고 항상 겸손해야 한다.

셋째는 다수의 사람들을 이끄는 동시에 위기상황에도 대처해야 하므로 내적 평정심을 유지하는 것이 중요하다. 스트레스를 덜 받고 흥분을 덜 하는 자세는 구성원들에게 불안감을 덜 주고 조직의 분위기를 부드럽게 만들 수 있다. 화를 내는 것보다 침착하게 집중하는 것이 원하는 것을 성취할 수 있는 더 빠른 길이다.

그동안 했던 많은 경험을 잘 응용하는 것도 리더의 덕목이다. 그래서 위기가 도래해도 쉽게 무너지지 않는다. 오히려 위기를 기회로 만들기도 한다. 또, 긍정적인 태도를 항상 유지한다. 리더의 비관적인 태도는 구성원들의 사기진작에 악영향을 미치므로 오히려 어려운 상황에서 더욱 힘을 내서 그룹을 이끌어야 한다.

리더는 올바른 일을 올바르게 처리한다. 정당하게 일을 해내려는 욕구가 있어야 한다. 문제를 해결할 때 종종 쉽지만 옳지 않은 방법과 어렵지만 옳은 방법이라는 두 갈래의 갈림길에 맞닥뜨리는 경우가 있다. 좋은 리더라면 자기 자신과 구성원들에게 떳떳하기 위해 어렵더라도 옳은 방법을 선택할 것이다.

마지막으로 가장 중요한 리더의 역할은 함께 일하는 사람들을 칭찬해주는 것이다. 칭찬은 자존감을 높여준다. 자존감은 스스로를 가치 있는 존재라고 느끼게 만들어 주는 감정이다. 그러므로 자존감이 높은 사람은 쉽게 무너지지 않는다. 실패하더라도 다시 일어나서 도전할 수 있는 사람은 자존감이 강한 사람이다.

사람은 남에게 인정받고 싶은 욕구를 가지고 있다. 칭찬은 그 사람의 존재를 인정해주는 것이고 욕구를 충족시켜주는 방법이다. 욕구가 충족된 사람은 더 의욕적으로 즐겁게 일할 수 있다.

유전학자 알람 샤인펄트는 '세계의 모든 역사 속에서 당신과 똑같은 사람은 결코 없다. 앞으로도 또 한 사람의 당신은 태어나지 않는다.'라고 말했다. 리더는 자신과 함께 일하는 사람이 대체될 수 없는 소중한 존재임을 알아야 하며, 또 그것을 그들에게도 표현할 수 있어야 한다. 자신이 존중받고 있다는 것을 아는 구성원은 더 자신감을 가지고 일에 몰두할 수 있다.

제주도의 성산 고등학교는 2013년에 44명에 달하던 학업중단자를 2년 만에 0명으로 바꾸어서 화제가 됐다. 조동수 교장을 비롯한 교직원들은 관련 프로그램을 진행하는 것도 중요했지만 무엇보다도 학생들을 돕는 것에 초점을 맞췄다고 얘기한다. 그리고 그중 가장 효과적인 방법은 칭찬과 기다림이었다. 그들은 학생들이 할 수 있을 것이라고 칭찬했다. 또, 변화할 것이라고 믿으며 기다렸다. 결국 학생들은 다시 학업을 할 수 있는 힘을 얻게 된 것이다. 칭찬은 사람을 바꿀 수 있는 힘을 충분히 가질 수 있다. 리더는 이를 이용할 줄 알아야 한다.

《칭찬하는 리더》

○ 리더십이란 능력과 겸손함을 바탕으로 모범적인 생활을 하고 그로써 구성원에게 희망을 주는 것이다.
  – 크라이슬러 회장 아이아코카는 '리더십이란 모범을 보이는 것이다'라고 하였다.
  – 나폴레옹은 리더십이란, '희망을 파는 상인'이라고 했다.
  – 존. F. 케네디는 "리더십과 학습은 불가분의 관계"라고 주장했다.

○ 성공적인 리더들은 모두 끊임없는 열정과 지적능력을 가지고 있다.

○ 리더와 구성원 사이에는 커뮤니케이션이 활발하게 이루어져야 한다.

○ 가장 중요한 리더의 역할은 함께 일하는 사람들을 칭찬해주는 것이다.

협상이란 케이크를 나눠줄 때,
모든 사람이 자기가 가장 큰 조각을 가졌다고
믿게 하는 기술이다.

– 루드비히 에르하르트

Win-Win 하는
협상의 달인이 되는 법

우리는 일상생활에서 수많은 협상을 하게 된다. 협상이란, 어떤 목적에 부합하는 결정을 하기 위하여 여럿이 서로 의논하는 것을 말한다. 무한경쟁의 시대에 들어서면서 우리는 다양한 협상의 상황에 마주치게 되었다. 물론 일로 만난 사이에, 혹은 기업과 기업 간에 하는 협상이 대표적이긴 하다.

하지만 포괄적 의미로는 가족끼리 외식을 할 때도 메뉴를 협상한다고 볼 수 있을 것이다. 대학이나 아르바이트, 직장에 합격하기 위해 면접을 보는 것도 어떻게 보면 입학, 입사를 결정하려고 모인 자리이니 협상이라고 볼 수 있다. 그러니 협상의 기술은 잘 익혀두면 쓰임새가 매우 많다.

협상에서 가장 명심해야 할 첫 번째 핵심은 '서로에게 Win-Win

이 되어야 한다'는 것이다. 협상이 승자와 패자가 있는 싸움이라고 생각하는 사람이 있다. 그런 사람들은 협상을 할 때 지지 않으려고 한 치도 양보하지 않는다. 양보하는 것이 지는 것이라고 생각하기 때문이다.

하지만 협상은 싸움도 아니고 승자와 패자가 있는 것도 아니다. Win-Win이 된다는 것은 그 협상이 서로에게 이익이 된다는 것이다. 그것이 협상의 가장 이상적인 결론이다. 이를 위해서는 자신의 입장을 고려하는 것은 물론, 상대방의 입장까지 고려하는 것이 필요하다. 장기적으로도 이익이 분배될 수 있도록 하는 방안이 최선의 협상이 된다.

두 번째로는 강압적으로 상대방에게 의사결정을 요구하지 않는 것이다. 이 역시 협상이 싸움이라는 그릇된 생각을 가진 사람들이 종종 하는 실수이다. 이런 사람들은 심지어 협박조로 상대방의 약점을 공격하기도 한다. 이런 태도는 상대방에게 반발심을 불러일으키고 최악의 경우, 협상이 아예 결렬되어 재시도조차 하지 못하게 된다. 협상은 서로의 부족한 부분을 보완해 보려는 자세로 나가야 한다.

세 번째로는 사전에 협상 건에 관한 충분한 조사를 하는 것이다. 앞서 말했듯이 이름을 기억하거나 칭찬하는 것 등은 모두 상대방의 자존감을 높여주고 기분을 좋게 해준다. 기분이 좋은 상태에서는 당연히 협상이 더 원만하게 이루어진다.

또, 협상하려고 하는 문제에 대해 많은 정보를 알고 있는 것은 믿음직한 전문인이라는 인상을 줄 수 있다. 이러한 경우, 상대방에게 신뢰를 얻어 협상이 더 수월해진다. 협상은 결국 얼마나 신뢰가 가느냐에 따라 결정되는 경우가 많으니, 신뢰도를 쌓는 것에 특히나 공을 들여야 한다.

네 번째로 경청하는 자세가 필요하다. 그것은 서로 예의를 지키는 것이다. 중간에 말을 끊는 것은 상대방을 무시하는 행동이고, 자신의 의견만 고집하는 사람임을 드러내는 것이다. 상대방의 이야기를 꼼꼼히 들은 후에 반박할 부분이나 수정할 부분을 찾아 덧붙여야 한다.

협상은 상대방이 원하는 것과 자신이 원하는 것만 말하고 결정되는 것이 아니다. 서로 대화를 통해 조건을 조율할 수 있는 기회가 충분히 있어야 하니, 대화예절을 지키는 것이 중요하다.

다섯 번째로는 모호한 자세를 피하라는 것이다. 정확하게 이야기하지 않고 뜨뜻미지근한 반응만 보인다면 상대방으로부터 이익만 취하려는 인상을 받아 불쾌해질 수 있다. 협상할 때는 명쾌하고 분명하게 자신의 의사를 표현할 줄 알아야 한다.

《Win-Win하는 협상의 달인이 되는 법》

○ 첫 번째 핵심은 '서로에게 Win-Win이 되어야 한다'는 것이다.
○ 두 번째로는 강압적으로 상대방에게 의사결정을 요구하지 않는 것이다.
○ 세 번째로는 사전에 협상 건에 관한 충분한 조사를 하는 것이다.
○ 네 번째로는 경청하는 자세가 필요하다는 것이다.
○ 다섯 번째로는 모호한 자세를 피하라는 것이다.

품질이란 우연히 만들어지는 것이 아니라,
언제나 지적 노력의 결과이다.

– 존 러스킨

수백 번의 리허설,
명강사로 가는 단 하나의
비법이다

영화배우는 한 작품의 인물을 맡으면 아예 그 인물이 되어서 산다. 그리고 그 배역에 익숙해질 때까지 대본을 놓지 않고 연습에 박차를 가한다. 명장면, 명연기는 그렇게 끊임없는 노력 속에서 나온다. 배우뿐만이 아니다. 가수도 마찬가지다. 가수는 4분도 채 되지 않는 노래 한 곡을 위해 몇 달에 걸쳐 무대 동선을 짜고 사전 리허설을 거듭한다. 경력이 각각 39년, 25년이 넘어가는 인순이와 김건모도 '나는 가수다'라는 프로그램에서 노래 한 곡을 제대로 부르기 위해 일주일을 줄곧 연습한다.

강사도 마찬가지이다. 명강사들이 한 가지 주제를 완벽하게 해내기 위하여 수십 권의 책을 읽고 강의가 익숙해질 때까지 혼자 수백 번, 수천 번을 연습한다는 것은 익히 알려진 사실이다. 그런 상위

1%에 속하는 명강사들은 '알 수 없는 함정'을 예방하기 위해 수없이 많은 리허설을 한다.

만약 사람들 앞에서 강의를 하고 있는데 자신이 머릿속으로 생각한 것과 막상 입에서 나오는 말이 다르다면? 이렇게 혹시나 일어날지도 모르는 실수를 '알 수 없는 함정'이라고 한다. 그리고 리허설은 이러한 알 수 없는 함정을 미리 찾아내 반복하지 않도록 하는 중요한 역할을 한다.

리허설은 청중이 실제로 앞에 있는 것처럼 해야 한다. 실제로 말을 하면서 사례, 단어, 용어 및 문장 표현이 적절한지 스스로 검증해 봐야 하기 때문이다. 익숙해질 때까지 반복하는 것도 중요하다. 익숙해진다는 것은 실수할 가능성이 줄어든다는 것이다.

시간이 모자라 전체 리허설이 불가능할 때도 있다. 원래대로라면 도입, 본론, 종결까지 실전처럼 리허설을 해야 하지만 시간에 쫓긴다면 본론 부분은 목차만 훑고 지나가는 식으로 해도 괜찮다. 본론은 워낙 중요해서 준비 기간에 이미 많은 신경을 쓴 부분이기 때문이다. 목차 부분이라도 리허설을 하는 이유는 강의가 중간에 흐름대로 가지 않을 경우, 다시 주제로 돌아올 수 있는 이정표역할을 목차가 해주기 때문이다.

강의는 살아 숨 쉬어야 한다. 엉뚱한 소리처럼 들리겠지만 실제 강의를 들으러 오는 청중은 가지각색이다. 듣고 싶어서 찾아온 사람도 있지만, 회사나 학교 때문에 억지로 온 사람도 있을 것이다. 이런 사람들에게 딱딱하고 정형화된 정보전달식의 단순한 강의는 의미가 없다. 모든 청중이 하나쯤은 공감할 만한 여러 사례와 동기부여가 될 이야기들을 곳곳에 위치해두는 것이 살아 숨 쉬는 강의의 특징이다.

강의를 좌우하는 것은 콘텐츠, 시각자료, 전달력이라는 세 가지 요소이다. 이 중 하나만 부실해도 강의는 살아 숨 쉴 수 없다. 특히나 콘텐츠의 질이 중요한데, 콘텐츠는 유익하면서도 다른 것들과 뚜렷이 구별되는 차별성이 있어야 한다.

《수십 번의 리허설, 명강사로 가는 단 하나의 비법이다》

- 명강사들이 한 가지 주제를 완벽하게 해내기 위하여 수십 권의 책을 읽고 강의가 익숙해질 때까지 혼자 수백 번, 수천 번을 연습한다는 것은 익히 알려진 사실이다.
- 강의는 살아 숨 쉬어야 한다.
- 강의는 콘텐츠, 시각자료, 전달력이라는 세 가지 요소의 균형에 좌우된다.

행복한 사람이란 희망을 갖는 자다

- 헤세

Date:

Place:

Member:

PART 3

행복이란

행복이란 그 자체가 긴 인내이다.

– 알베르 까뮈

행복의 정의와 기준

　성공하면 행복해질 것이라는 생각을 하는 경우가 많지만 현실은 그렇게 흘러가지 않을 경우가 더 많다. 행복과 성공은 다른 것일까? 사전적으로 행복은 '생활에서 충분한 만족과 기쁨을 느끼어 흐뭇함 또는 그러한 상태'라고 명시되어 있다.

　그러나 우리는 서로 다른 행복의 기준을 가지고 있고, 이에 따라 행복의 정의도 모두 다르다. 이처럼 사람마다 행복의 정의가 다른 까닭은 행복이 각자 처한 상황이나 중요하게 생각하는 가치관에 따라 다르기 때문이다. 행복이란 우리 누구나 열망하는 것이지만 그것이 무엇인지 쉽게 정의내릴 수도, 또 사람들이 쉽게 자신의 행복 수준을 판단할 수도 없다. 행복에 대한 정의가 이렇게 오리무중인 또 다른 원인은 행복에 대한 개인의 생각, 느낌이 서로 다르다는 데 있다. 우리가 행복하려면 경제적으로 풍족해야 하고 출세해야 한다는 생각은 예나 지금이나 마찬가지일 것이다. 그러나 어느 정도로 돈이 많아야 하고 어느 정도로 출세해야 행복할지에 관해서는 각자 생각이 다를 것이다. 필자는 행복이란 스스로 만들어 가는 자기만족이라고 생각한다. 행복에 대한 여러 정의를 소개해 본다.

빅토르 위고는 "인생에 있어서 최고의 행복은 우리가 사랑받고 있다는 확신이다."라고 하였고 심리학자이며 철학자인 윌리엄 제임스는 "행복해서 노래하는 게 아니라 노래하기 때문에 행복해지는 것이다."라고 하였으며 티베트 망명정 부지도자 달라이 라마는 "당신의 마음이 고요하고 평화로울수록 행복하고 즐거운 삶을 누릴 가능성은 더욱 커진다."라고 하였고 1921년 노벨문학상 수상자이자 프랑스의 소설가인 아나톨 프랑스는 "이 세상에서 참다운 행복은 남에게서 받는 것이 아니고, 내가 남에게 주는 것이다."라고 하였으며 랄프 왈도 트라인은 "행복은 내 마음속에 있다. 행복은 자기 안에서 찾아야 하는 것이다."라고 하였다.

결국, 행복은 자기 자신의 마음속에 존재하며 지극히 주관적이라는 말과 같다. 목표하는 바를 성취한 상태를 말하는 성공과 비슷하다. 분명한 것은 성공한 사람이 모두 행복한 것은 아니며 행복한 사람이 모두 성공한 것도 아니다.

우선 행복하다고 말할 수 있으려면 개인적으로도, 사회적으로도 불행하지 않아야 한다. 개인적으로 불행한 것은 실직이나 질병, 가정불화, 빈곤 등이 해당된다. 사회적인 불행으로는 나라의 혼란이나 과도한 경쟁의식의 팽배에 따른 상대적 박탈감 등을 들 수 있다. 한 사람이 개인적으로나 사회적으로 불행한 요소가 없다면, 만약 실제로는 존재할지라도 스스로 느끼지 못하거나 그마저도 불행하다고 느끼지 않는다면 그 사람은 행복하다고 말할 수 있을 것이다.

정말 행복한 사람이라면 하고 싶은 일을 열심히 하고 그 일을 능력껏 하여 성취한 기쁨을 통해 행복을 느낄 수 있다. 또, 그런 삶은 희망적인 사항과 현실적인 여건이 조화되었을 때 나타난다. 하고 싶어 하는 일이나 좋아하는 일을 할 수 있는 조건이 갖춰지고 아무런 제약을 받지 않고 그 일을 수행할 때 우리는 비로소 행복함을 느끼며 마음껏 역량을 발휘할 수 있을 것이다.

행복은 입맞춤과 같다.
행복을 얻기 위해서는 누군가에게
행복을 주어야만 한다.

– 디어도어 루빈

행복의
구성요소

　행복하다고 느끼는 사람마다 그 행복의 모습에는 차이가 있을 것이다. 하지만 분명히 동일한 점도 찾아볼 수 있다. 결국 가장 행복한 삶은 자기가 하고 싶고, 자기가 하는 일에 의미와 보람을 부여할 수 있는 삶이다.

　우리는 돈이 많으면 쉽게 행복해질 것이라고 생각한다. 하지만 돈은 무언가를 사기 위해 필요한 것일 뿐, 그 자체에는 의미가 없다. 돈이 많은 삶은 풍족할 순 있지만 그 자체로 어떤 의미를 담고 있다고 보기는 어렵다. 행복은 처한 환경에 있는 것이 아니라 마음가짐에 달려있으며 그게 바로 돈만으로 행복할 수 없는 이유이다.

　행복의 구성요소에서 행복을 위한 세 가지 조건을 꼽으라면 첫째로 감사하는 마음, 둘째는 희망 또는 긍정적 정서, 셋째로 경제적인 여건을 꼽을 수 있다.

첫째 : 감사

행복하기 위해선 감사할 줄 아는 마음을 지녀야 한다. 현재 자신이 처한 상황에서 자기가 가지고 있는 것에 감사할 줄 아는 마음이 사람을 참으로 행복하게 해 준다. 대부분의 사람은 만족할 줄 모르고 불평, 불만만 가득 늘어놓다가 뭔가 잃고 나서야 그것의 소중함을 깨닫게 된다. 그래서 늘 감사하려고 노력해야 한다. 내가 가진 것들과 지금 내 곁에 있는 사람들 모두에게 말이다. 우리 가족들, 친구들, 친척들, 내 주위 모든 분들을 향해 늘 감사하는 마음을 지니려고 노력한다.

둘째 : 희망, 긍정적인 생각

당장 눈앞에 어려움이 있더라도 그것을 잘 견뎌낸 뒤를 생각하면 그래도 살 만할 것이다. 그러기 위해서는 조그마한 희망 한 자락이라도 꼭 붙들고 확실히 좋아질 것이라는 굳센 믿음이 있으면 더욱 좋다.

"나는 할 수 있다! 다음엔 더 잘할 수 있어! 다 잘될 거야!" 하는 생각들이 나에게 희망을 불어 넣어 준다.

인생은 선택과 방향이라고 한다.

사람에게 일어나는 일은 똑같지만, 그것을 어떻게 해석하고 평가하고 행동하느냐에 따라서 인생이 바뀐다.

같은 일이라도 좋은 일의 징조라고 생각하는 것이라든가, '내가 이런저런 실수를 했으니 이것만 극복하면 다 잘되겠지'라든가, 잘되려고 그런다든가 하는 등의 긍정적 생각은 우선 다른 일을 할 수 있는 힘과 에너지를 준다.

그리고 올바른 판단 후에 하는 긍정적인 생각은 스스로의 생각이 자기의 인생을 만들기에 좋게 작용하여 좋은 일을 불러온다. 밝고 편한 사람에게 사람이 몰리고 그런 이와 있으면 더 편하고, 그런 에너지가 서로 도움이 되어서 서로 좋은 일이 생기는 경우가 많은 것과 같은 이치다.

행복, 성공 등은 인생에서 중요한 것을 판단하고 행동할 때 등의 상황에 하는 긍정적 생각에서 출발하는 경우가 대부분이다.

인생은 어차피 자기 생각대로 이루어지고 만들어지는 것이다.

매일 하루 5분이라도 시간을 내서 긍정적인 생각을 하도록 하자. 긍정적인 요소만이 잠재능력을 일깨우고, 무언가 성취해낼 수 있기 때문이다.

셋째 : 돈

"돈"은 중요하다. 돈으로 행복을 살 수 없을지는 몰라도 돈이 있다면 아주 편리하고 안정된 삶을 영위하면서 행복한 노후생활을 향유할 수 있기 때문이다.

돈이 있으면 인간으로서 최소한의 자존심을 지키게 해주며, 삶을 이어가기 위해서도 돈은 꼭 필요하다.

돈이라는 게 행복의 충분조건은 아니지만 그래도 일정한 수준 이상의 경제적 여건은 필요하다. 한 송이의 장미꽃이 아무리 아름답더라도 삶의 무게로 힘겨운 이들에겐 사치로 여겨질 테니 말이다. 분명 인간에게 있어서 문화생활은 무엇보다 중요하다. 그렇지만 문화생활도 일단 의식주의 기본 욕구가 충족된 다음에야 향유할 수 있으며, 그 효과가 있기 때문이다.

행복해지기 위해서는 조화가 필요하다. 스스로가 일하는 것을 아무리 바라고 좋아할지라도 그것을 쉼 없이 계속하게 되면 체력적으로 지치게 되고 본질 또한 잃어버리기 쉽다. 그럴 땐 휴식이 삶의 전체적인 조화를 위한 첫 번째 발걸음이 된다. 아무런 걱정 없이, 스스로의 건강과 평안을 위해 휴식을 취한다면 그것은 일과 취미, 대인관계 사이를 조화롭게 재정비하도록 도울 것이다.

만족을 모르는 태도는 우리를 쉽게 불행하도록 하는 이유이기도 하다. 세상은 발전을 거듭했고 우리는 눈부신 문명의 혜택을 받고 있다. 그런 와중에 더 혜택을 받고 싶다는 욕심이 더 소유하고자 하는 욕망을 키운다. 그런 욕망이 나쁘다고만 할 수는 없다. 그것은 그 자체로 가치 있는 삶의 목표가 되기도 한다.

문제는 좀 더 많이 가지려는 욕심이 충족되는 것이 어렵다는 것이다. '많을수록 좋다'는 생각을 가진 사람은 현재에 만족할 수가 없다. 언제나 현재보다 많은 것을 원하기 때문이다. 그런 사람은 늘 '좀 더'를 외치게 되고 '좀 더'를 가지지 못한 현재는 늘 불만이 된다. 소유는 자신의 욕구를 충족시키지만 일시적인 만족만 줄 뿐 욕심은 계속된다. 불만스러운 삶은 당연히 긍정적일 수 없다. 욕구를 충족시키기 위해 휴식도 마음 편하게 취할 수가 없으니 행복과는 점점 멀어지게 된다.

그렇다고 해서 단순히 주어진 것에만 만족하고 그치라는 말을 하려는 것은 아니다. 주어진 것 이상을 바라는 것이 무조건 욕심이라는 말도 아니다. 다만 행복해지기 위한 조건이 무언가 많이 가지고 있거나 남들 보기에 거창한 것에만 있는 게 아니라는 것이다.

행복은 자신이 가진 것과 가지고 싶은 것이 일치되었을 때 찾아오는 것일 수도 있다. 이미 가지고 있는 것들이 당연하지 않음을 깨닫고, 가지지 못한 것이 정말 본인이 원한 것이 아니라면, 우리는 남들 보기에 크고 거대한 그 어떤 것을 가지지 않더라도 충분히 행복해질 수 있다. 어느 정도의 선에서 만족과 행복을 느낄지는 전적으로 개인의 자유로운 선택에 달려있다.

Date:

Place:

Member:

Subject:

Date:

Place:

Member:

PART 4

행복해지는
방법

행복에는 두 갈래의 길이 있다.
욕심을 줄이거나 재산을 많이 가지면 된다.

– 벤자민 플랭클린

행복의 본질과
역할

아리스토텔레스가 '인간의 궁극적 목적은 행복에 있다'라고 말한 만큼 행복 추구는 인류의 역사와 늘 함께해왔다. 현대를 살아가는 사람들에게는 행복이 특히나 민감한 주제이다. SNS와 대중매체의 발달로 다른 사람과의 비교가 광범위하고 쉽게 이루어지면서 행복에 대한 강박관념이 생긴 것이다. 비교가 시작되면 절대적인 행복의 가치보다 상대적 박탈감을 느끼기 더 쉬워진다. 최근에는 행복감을 자신과 사랑하는 사람에게만 집중하여 찾으려고 하는 사람도 늘어나는 추세이다.

뇌 전문가 요로 다케시가 쓴 『바보의 벽』을 읽으면 불평하는 것이 상대방을 바꿀 수 있다고 생각하는 것이 얼마나 어리석은 일이었는 지를 확인할 수 있다. 인간의 뇌는 자신이 알고 싶어 하지 않는 사실에 대해서는 아무리 설명해도 알아듣지 못한다고 한다. 요로 다케시는 이를 '바보의 벽'이라고 표현했다. 불평과 불만을 계속 얘기하면서 스스로 벽에 갇히는 것보다는 자기의 생각을 바꾸는 것이 현명하다는 것이 다케시 씨의 주장이다.

자신의 생각을 바꾸는 것이 더 현명한 이유는 행복과 불행의 관계는 동전의 양면과 같기 때문이다. 동전은 거꾸로 뒤집기만 하면 앞뒤가 바뀐다. 행복과 불행의 관계도 이와 마찬가지이다. 살짝만 뒤집어 생각하면 얼마든지 불행을 행복으로 바꿀 수 있다.

자신을 불행하게 만들었던 것들이 어떻게 행복을 줄 수 있겠느냐 하는 의문이 들 것이다. 하지만 내면을 깊게 살펴보면 불행을 선택하는 것보다 행복을 선택하는 것이 스스로에게 더 긍정적인 영향을 미친다. 결국 행복과 불행을 여는 열쇠를 쥐고 있는 사람은 바로 자기 자신인 것이다.

지금 가지고 있는 것들이 최대한의 노력으로 이루어진 것이라면 그 상태에서 행복해지는 방법은 간단하다. 자신이 갖고 있는 것에 대해 감사하는 법을 배우는 것이다. 자신이 할 수 있는 능력의 최대치를 발휘한 결과물을 가지고 있다면 그 결과물은 스스로의 최선이다.

그렇다면 행복의 기준은 무엇일까? 누군가는 1인당 국민소득이나 교육수준 등의 기준을 들 것이다. IMF에 따르면 2016년 세계 인구 순위 상위 20개국 중에서 우리나라는 1인당 국민소득이 27,561$이며, GDP국내총생산액은 세계 11위로 전보다 훨씬 발전된

고도의 경제 속에서 살아가고 있다. 매년 3월 20일은 "세계 행복의 날"이다. 유엔 지속가능개발연대SDSN가 2017년에 발표한 자료에 의하면 1위는 노르웨이, 2위는 덴마크, 3위는 아이슬란드, 4위는 스위스, 5위는 핀란드, 7위는 캐나다, 9위는 호주, 10위는 스웨덴으로 나왔다. 북유럽과 서유럽, 북미에 캐나다, 호주 등이 들어 있으며, 아시아, 아프리카, 중남미는 한 곳도 없었다. 미국도 14위에 그쳤다. UN이 발표한 한국의 2017년 행복지수는 56위였다.

그 이유 중 하나는 교육의 문제이다. 미국은 학생들에게 남을 돕는 사람이 되라고 가르친다. 일본은 남에게 폐를 끼치지 말라고 가르친다. 반면, 우리나라는 남에게 절대 지지 말라고 가르친다. 그래서 우리나라는 지금 '무한 경쟁의 시대'를 살고 있다. 남을 배려하고 도와줄 때 자신도 행복해지는 것인데 우리 교육은 그보다는 경쟁의 가치를 더 강조한다. 어떻게 해야 출세하고 성공할 수 있을지만 가르치기 때문에 이기적이고 자기중심적인 수준에 머무를 수밖에 없는 것이다. 한국 사람의 불행감은 사회적 인정에 대한 갈증이라는 것도 일리가 있는 주장이다. 한국 사람이 행복해지기 위해서는 끊임없이 비교하고 경쟁하는 것을 그만두어야 한다. 행복은 상대적으로 느껴지는 것이기 때문에 타인과 비교하기 시작하면 한없이 불평불만을 늘어놓을 수 있다.

하지만 행복은 결과가 아니라 그 결과로 가는 과정이 중요한 것이다. 그러므로 자신이 최선을 다하고 있는 순간을 즐겨야 한다. 욕심은 끝이 없기 때문에 더 큰 만족을 위해서 계속 달리기만 한다면 행복과는 거리가 멀어질 수밖에 없다.

거기에 다른 사람과의 비교는 필요하지 않다. 행복은 상대적이고 주관적인 성질이다. 온도계에서 나타난 추위와 실제 느끼는 추위가 다르듯이 객관적인 행복의 기준과 주관적인 행복의 기준은 다르다.

그렇다면 가장 소중한 시간은 '지금'이 되고 가장 소중한 사람은 '지금 만나고 있는 사람'이 된다. 그러므로 그 '지금'의 순간에서 '만나고 있는 사람'과 선행을 베푸는 것이 행복이라고 톨스토이는 말했다.

내 생애에서 가장 소중한 일은
지금 이 시간에 만나는 사람에게
기쁨과 평화와 행복을 주는 것이다.

– 톨스토이

행복해지는
원칙

　여기까지 읽고도 행복해지는 방법이 어렵게만 다가온다면 더 명시적인 원칙을 제시할 수도 있다. 하지만 주의해야 하는 것은 이 원칙은 하나의 제시일 뿐이며 모두에게 딱 들어맞는 것은 아니라는 점이며, 독자들에게 분명히 말씀드린다. 기준이 될 수는 있지만 개개인에 따라서 다를 수 있기에 이 원칙들이 정답은 아니라는 것을 명심하자.

자그마한 것에서 행복을 찾아라
　'작은 것에서 만족하지 못하는 사람은 그 어떤 것에도 만족하지 않는다.'는 그리스철학자 에피쿠로스의 명언이다. 소소한 것도 기쁘다고 받아들이는 사람이 더 자주 행복한 것은 당연한 일이다. 지키지도 못할 과중한 목표를 설정하고 그를 이뤄내기 위해 스스로에게 부담을 주는 사람은 소소한 행복을 놓치기 쉽다. 자신의 현재 위치를 냉철히 파악하여 달성할 수 있는 목표를 두면 자신과의 약속을 제대로 지켜낼 수 있다. 그렇게 되면 스스로를 더 믿게 되고, 자신감이 생기게 된다.

가까이에서 찾아라

마음의 문을 조금만 열면 향기로운 꽃향기가 마음을 가득 채울 수 있다. 꽃은 의외로 우리 가까이에 있다. 흔히 행복하지 못한 이유는 행복이 멀리 있다고 착각하고 먼 곳만 바라보기 때문이다. 행복은 지위나 돈으로 얻을 수 있는 것이 아니라 마음의 상태에 따라 좌우된다. 행복과 물질을 같은 저울에 올려놓는 것은 크나큰 오류이다. 그것은 불행으로 가는 지름길이다.

행운의 여신을 찾기 위해 평생 전국을 헤매다가 결국 자기 집 앞마당에서 행운의 여신을 발견한 남자에 대한 이야기를 들어본 적이 있을 것이다. 우리가 행복하지 못한 이유는 놀랍게도 행복이 당연히 근처에 없을 것이라고 생각하는 것에서 시작되곤 한다.

행복을 위해 우선 주변을 한 번 돌아보는 것으로 시작해 보는 것도 좋다. 자신이 이미 가지고 있는 것, 이미 내 주변에 있는 누군가로부터 행복해질 가능성이 충분히 있을지도 모른다.

많은 사람이 말다툼과 오해 등의 경험에 의한 화를 마음에 품고 산다. 화는 마음을 불편하게 한다. 행복해지려면 그 화를 가라앉히고 화해의 손길을 내미는 방법을 선택하는 것도 하나의 방법이다.

마음의 문을 활짝 열어 놓아라

마음의 문을 연다는 것은 가장 어려운 일이 될 수도 있다. 그래도 노력해 보아야 한다. 미국의 16대 대통령 아브라함 링컨은 "누구든 행복해지려고 결심한 만큼 행복해질 수 있다."라고 하였다. 따라서 행복은 밖에서 오는 것이 아니라 마음속에서부터 향기가 번지듯이 퍼져나가는 것이다. 법정스님은 돈보다 더 귀하고 소중한, 따뜻한 마음을 나누는 일이 행복해지는 비결이라고 했다. 그러니 당연히 행복하려는 마음가짐으로 마음의 문을 활짝 열 준비가 되어 있어야 한다.

현재에 행복하라

중국 고대의 사상가이자, 유교의 시조인 공자는 '행복은 우리가 갖지 못한 것에 있는 것이 아니다. 우리가 갖고 있는 것에 존재한다.'라고 말했다. 대부분의 사람은 현재 자신이 가진 것보다는 원하는 것에 초점을 맞추는, 결코 바람직하지 않은 습성을 가지고 있다.

모든 사람은 '현재 가지고 있는 것'과 '현재 가지지 못한 것'의 목록이 있다. 가지지 못한 것의 목록만 들여다보고 있는 사람은 현재 있는 것을 당연한 것으로 생각하며 감사하지 않는다. 그런 마음에는 불평만 싹트게 된다. 현재 가지고 있는 것을 들여다보면 이런 것도 가지고 있었냐며, 놀랄지도 모른다. 지금 가지고 있는 것은 당연한 것들이 아니다. 그 목록에는 나 아닌 누군가의 노력이나 신기한 우연이 모여 있기도 하다.

매일 자신의 '욕망'의 명단에 새로운 목록을 채워 넣고 있는가? 그렇다면 바로 그것이 우리가 만족스럽지 못한 채로 살게 만드는 주범이다. '이것만 바라는 대로 되면 행복해질 거야'라고 생각한다면 일단 욕구가 충족되더라도 또 다른 것을 찾아 계속 이런 말을 반복할 것이다. 인간은 어찌 보면 가까이에 있는 행복은 당연히 주어지는 것이라 생각하고 자신이 갖지 못한 것을 향해 무모하게 덤벼드는 부나방과 비슷하다.

성인들도 인간의 어리석음에 대해 무수히 경고하고 있는데, 사람들은 대부분 귀담아 듣지 않고 어리석은 상태에서 벗어나지 못하고 있다가, 고통스러운 고난을 당한 이후에 자신이 지금까지 누렸던 행복이 얼마나 소중했는지를 깨닫는다.

인도의 어떤 사람은 오래된 저울로 사람의 몸무게를 달아주며 1루피라는 아주 적은 돈을 받는 직업을 가지고 있었다. 남들이 보면 보잘것없는 직업일 수도 있었지만, 그 사람만은 달랐다. 그 저울이 그의 가족을 먹여 살리는 도구라고 생각했다. 그는 저울이 너무나도 소중하고 볼 때마다 행복했다.

순간은 언제나 현재에 존재하며 그것은 강력한 힘을 갖고 있다. 지금 우리는 행복과 자유를 위해서 행동할 책임이 있다. 운명을 바

PART 4
행복해지는 방법

꿀 시기는 바로 지금인 것이다. 마음의 상태도 마찬가지이다. 부정적으로만 생각하는 것은 좋지 않고 현재 할 일을 나중으로 미루지 않는 것이 좋다. 현재보다 더 좋은 때는 없고 행동할 시점은 언제나 지금이다. 마음의 눈을 새롭게 떠서 현재 있는 것을 돌아보고 그것에서 행복을 찾아야 한다.

좀 더 완벽해질 때까지 자신의 삶을 미루는 것은 시간낭비다. 예컨대 나이가 더 들면 할 것이라든지, 시간이 나면 하겠다는 변명은 우리의 삶을 풍요롭지 못하게 한다. 늘 하고 싶었던 것들이 있다면, 지금 당장 시작하는 것이 좋다. 그런 다음 현재 즐길 수 있는 일들을 찾아 매 순간을 즐겨야 한다. 행복은 몇 년, 몇 달에 걸친 시간 속에서 발견되는 것이 아니라. 매 순간 속에서 발견되는 것이기 때문이다.

그래서 행복은 항상 새로운 것만을 바라고 갈망하는 사람에게 쉽게 찾아오지 않는다. 그럼에도 행복해질 수 있는 방법은 있다. 그것은 현재 가지고 있는 것에 자신의 관점을 집중시키는 것이다. 어려움에 대해 불평하기보다 일할 수 있음에 감사하는 것이 그 경우다. 그렇게 한다면 더 생산적으로 일하게 되며, 봉급이 인상되어 결국에는 더 나은 직위를 얻게 될 것이다.

자신이 가진 것들을 메모로 작성해 보는 것도 좋은 방법이다. 목록을 하나씩 적어나가다 보면 자신이 꽤나 많은 것을 가지고 있다는 것에 깜짝 놀랄 것이다. 자신의 삶이 이전보다 훨씬 나아 보일 것이다. 만족이 무엇인지 알게 될 수도 있다. 매일 아침 그 목록을 보며 감사하는 것 또한 효과적인 방법이 될 수 있다.

영국 크롬웰 종파의 교회에는 '생각하고 감사하라'는 현판이 걸려 있다. 이 말은 같은 종교가 아니더라도 마음속에 새길 가치가 있다. 인생에서 약 90%의 일은 옳고, 나머지 10%는 옳지 않다고 말하는 사람들이 있다. 그러므로 우리가 행복하기를 바란다면, 90% 옳은 일에 마음을 집중하고 10%의 잘못을 무시하면 된다. 고민하고 위궤양에 걸리고 싶으면, 마음을 10퍼센트의 잘못에 집중하여 보람 있는 90퍼센트의 것을 무시하면 된다.

쇼펜하우어는 '우리는 이미 가진 것에 대해서는 좀처럼 생각하지 않고, 언제나 없는 것만 생각한다'라고 했다. 가진 것에 대해서는 조금밖에 생각지 않고 없는 것만 생각하는 경향은 스스로에게 최대의 비극이다. 따라서 현재 가진 것에 만족할 줄 아는 것이 중요하다.

일의 승패나 다른 사람들의 생각에 연연하지 않는다면 더 좋은 성과를 거둘 수 있다. 바로 주변이나 결과를 지나치게 신경 쓰지 않고 미래의 목표를 향해 나아가는 것이다. 오늘은 다시 돌아오지 않는다. 만약 우리가 내일 행복해질 것이라고 생각하고 인생을 산다면 내일은 오지 않는다. 그러니 매일 저녁 하루 중 가장 행복했던 일을 기록하며, 일부러 행복한 일을 열심히 찾아보아야 한다. 그리고 행복 노트를 만들어 그 내용을 매일 기록하자. 흔히 행복은 대단한 무언가라고 생각하지만, 그저 소소한 일상을 기록해 놓은 기록장처럼 보일수도 있는 것이 행복노트의 특징이자 비밀이다. 따라서 오늘에 감사해야 한다. 오늘은 절대 다시 돌아오지 않는다. 오늘 이 순간이 인생의 마지막 날인 것처럼 행복을 누리자. 즉, 카르페 디엠 Carpe Diem! 이라는 말로 표현할 수 있다. 카르페 디엠은 라틴어로 '현재를 즐겨라'라는 의미를 갖고 있다.

지나치게 미래만 바라본다면 현재를 즐길 수 없다. 현재는 우리가 과거에 꿈꾸던 미래라고 볼 수도 있을 것이다. 행복을 위해서, 현재는 간단하고 내면은 단순해야 한다. 그것이 현재에 더 잘 집중할 수 있게 해주기 때문이다. 더불어 상황에 대한 책임은 자기 자신에게 있음을 주시해야 한다.

자신이 좋아하고 행복한 일을 찾아서 하라

러셀은 '좋아하는 일이야말로 행복의 원천이다'라고 말했다. 인생을 살면서 일하는 것을 피할 순 없다. 피할 수 없다면 즐기라지만 스스로 느끼기에 지루하고 재미없는 일이라면 그것을 견디는 일은 고역이 될 것이다. 반면 그것이 좋아하는 일이라면 상황은 달라진다. 더 하고 싶어지고 하면서도 즐거울 것이다. 자연스럽게 열정이 생긴다. 열정은 삶의 활력소가 된다.

우리 몸은 우리의 생각에 따라 반응하기 때문에 감정보다 더 강력한 힘을 갖고 있다. 기쁨, 행복, 성취감, 소중함과 같은 긍정적인 생각은 긍정적인 결과로 이어진다. 반면 비판, 쓸모없음, 불신, 분노 및 공포 같은 부정적인 생각은 부정적인 감정의 결과로 이어진다. 생각은 지극히 사소해 보이지만 우리의 몸과 마음, 그리고 감정에 큰 영향을 미친다는 것을 알 수 있다. 그러므로 자신이 좋아하는 일을 하면서 행복한 생각을 하는 것이 무엇보다 중요하다.

건강하라

의학의 아버지 히포크라테스는 "돈을 잃는 것은 조금 잃는 것이요, 명예를 잃는 것은 많이 잃는 것이요, 건강을 잃는 것은 전부를 잃는 것이다."라는 말로 건강의 중요성을 강조했다. 복 중에서도 가장 큰 복이 바로 건강이라는 말도 있다. 건강을 잃으면 다른 복이 많아도 소용이 없어진다. 건강해야 나머지 복도 진정한 복이라 할 수 있다.

세계적인 갑부나 중국의 진시황은 돈이 없어 죽었겠는가? 건강만 있으면 절대적인 왕이나 천하의 갑부도 부럽지 않은 것이다. 따라서 천하를 잃더라도 건강하다면 행복할 수 있다.

금전적 문제로 고민하다가 병을 얻은 사람일수록 상황이 나아지면 건강이 빨리 회복되는 것을 확인할 수 있다. 마음을 편안하게 하는 것이 곧 건강을 지키는 길이다. 긴 병에 효자 없다는 말이 있듯이 부모님이나 가족이 오랜 기간 병석에 누워있으면 계속 관심과 사랑을 주기가 힘들다. 생계는 물론 엄청난 병원비를 감당해야 하고, 아이들까지 키워야 한다면 대부분 절망하고 힘들어한다. 우리나라 속담에 병든 부자보다 건강한 거지가 낫다는 말도 있지 않은가.

이탈리아 속담에 "햇빛이 있는 곳에는 의사가 할 일이 없다"라는 말이 있다. 얼마나 심오한 진리인가? 햇빛은 신체 세포의 운동 속도를 증가시킨다며, 어느 전문가가 다음과 같이 말했다.

"햇빛은 우리 신체에 꼭 필요한 영양소를 생성하는 역할을 하며, 이로써 성장을 촉진시키고, 피와 신경이 원활한 기능을 하도록 돕는다." 햇볕을 쬐고 있으면 기분이 좋아지고 생각과 행동이 긍정적으로 변화하게 되므로 필자도 항상 점심시간에 산책할 때 일부러 모자를 쓰지 않고 햇볕을 많이 쬐고 있는 편이다.

워릭대학교는 최근에 행복과 고혈압의 정도에는 서로 밀접한 상관관계가 있다는 연구결과를 발표하기도 했다. 행복하면 더 건강해지고, 건강하면 더 행복해진다는 것이다. 그래서 규칙적인 운동으로 건강을 유지하는 것이 중요하다. 스트레칭 같은 운동도 좋다. 긴장을 이완시켜줄 수 있기 때문이다. 에어로빅, 걷기, 춤, 요가 등 어떤 형태가 되었든 규칙적인 신체적 활동은 몸과 마음을 건강하게 한다. 가장 좋아하는 운동을 찾아서 하루에 15분씩 꾸준히 한다면 확실한 차이가 느껴질 것이다.

어떻게 보면 너무 간단하거나 지겨운 말일 수도 있다. 하지만 여전히 중요한 말인 것은 분명하다. 결국, 건강 장수의 비결은 3가지로 요약된다. 열심히 운동하고, 적게 먹고, 마음을 긍정적으로 먹는 것이다. 누구나 다 알고 있는 방법이지만 정작 실천하는 사람은 많지 않다.

건강은 본질적이고 핵심적인 사안이다. 건강하지 않으면 자신을 불행하게 할 뿐만 아니라 주변 사람들에게까지 부정적인 영향을 미치게 된다. 건강을 지키는 것은 나를 지키는 것에서 더 나아가 내 주변을 지키는 일이다.

끊임없이 행복을 찾아라

공자는 '행복하고 지혜롭게 살기 위해서는 끊임없이 변화해야 한다'라고 말했다. 행복은 고여 있는 감정이 아니다. 한 번 행복했다고 해서 그것이 영원히 가지 않는다. 마찬가지로 이 순간 불행하다고 해서 계속 불행한 것도 아니다. 행복은 물처럼 흐른다. 인생을 살아가는 과정에서 내 곁을 따라 흐르는 강물 같은 것이다. 잠깐만 행복하기를 바라는 사람은 없을 것이다. 우리는 모두 행복하게 삶을 마치길 바란다. 그러려면 행복을 찾는 것에 소홀해지면 안 된다. 가만히 앉아서 행복을 기다리는 건 지나치게 수동적인 자세이다. 열심히 주변을 둘러보기도 하고, 가끔은 밖으로 나가 뛰어 보기도 해야 행복을 찾을 수 있을 것이다.

인생은 돌아올 수 없는 편도 승차권을 가진 여행이다. 끊임없이 행복을 찾지 않으면 다시 돌아갈 수 없는 과거에 그 행복을 두고 온 자신을 발견할지도 모른다.

먼저 이해하려고 노력하라

『성공하는 사람들의 일곱 가지 습관』의 저자 스티븐 코비는 남을 먼저 이해하는 것이 성공과 행복의 지름길이라고 보았다. 우리는 나 홀로 행복해질 순 없다. 아무리 친구가 없다고 해도 자신과 이어진 관계를 살펴보면 관계가 있는 사람이 꽤나 많다는 것을 알 수 있을 것이다. 그 관계를 잘 맺는 것도 행복해지는 방법이다.

먼저 이해하고 노력하는 것은 타인에게 좀 더 관심을 갖는 동시에 자신이 이해받는 것에 대해서는 관심을 덜 가지는 것을 말한다. 먼저 이해하려고 노력하는 방법에 누가 옳고 그르냐는 중요하지 않다. 그것은 따로 봐야 하는 문제다.

옳고 그름을 따지기 시작했을 때 사람들은 싸우기 시작한다. 당연히 자신이 옳다고 믿기 때문에 상대방이 틀렸다고 생각한다. 상대방을 이해하려고 노력하는 것은 너도 옳다고 생각하며 이야기를 들어주는 것이다. 그것은 의사소통의 시작이 되는 마음가짐이다.

재정 문제로 말다툼을 벌이면서, 절망적인 결혼생활을 15년 동안이나 해온 어떤 부부가 있었다. 남편은 아내가 저축하고 싶어 하는 이유를 이해하지 못했고 아내는 남편이 돈을 헤프게 쓰는 것을 이해하지 못했다. 가장 큰 문제는 서로가 상대로부터 이해받지 못한다고 생각하는 것이었다.

그 부부는 서로의 말을 가로막지 않고 상대방의 얘기에 귀 기울이는 법을 실천하려고 노력했다. 많은 대화를 통해 남편은 아내가 자신의 친부모가 겪었던 경제적인 어려움을 다시 경험하고 싶지 않아서 열심히 저축한다는 사실을 알게 되었다. 서로를 이해하기 시작하면서 그들은 서로를 배려했고 부부사이도 원만해졌다.

먼저 이해하려고 노력하는 것은 누가 옳고 그른지의 문제와는 무관하다. 이것은 효과적인 의사소통을 위해서 필요한 것이고 원만한 인간관계를 유지하기 위한 중요한 자세이다.

나를 소중히 여겨라

어머니와 아버지가 결혼한 후에도 내가 태어나기까지의 확률은 3백조 가지 중 하나이다. 다르게 말해 보자면 3백조 명의 형제자매가 있었다 해도 나와는 전혀 다른 모습이었을 것이다. '나'는 이 세상에 유일한 사람이다. 그것은 자연이 나에게 준 선물이다. 그러므로 남을 흉내 내는 것은 시간낭비이다. 최대한 자기 자신을 발견하고 자기 자신이 되어야 한다. 앰런 샤인펠트는 '염색체 하나하나에 수십 내지 수백 개의 유전 인자가 있는데 그중 한 개가 개인의 전 생애를 바꾸어 놓을 수도 있다고 한다. 인간이란 이렇듯 놀라울 만큼 불가사의한 것이다.'라고 말했다.

모든 외적인 성공을 이끄는 가장 커다란 힘은 내면의 성공이다. 일을 열심히 하는 것은 결국 나 자신을 소중히 여기는 것을 의미하는 것이다. 스스로에게 자랑스럽기 위해서 하는 행동이기 때문이다. 하루에 몇 번씩 짧게라도 스스로를 관찰하고 내면의 소리에 귀를 기울이는 것도 필요하다. 내가 무슨 생각과 일을 하고 있는지 관찰한 후 '어떻게 나 자신을 행복하게 할 것인가'를 묻는 것이다. 그렇게 하면 내면 속의 자아가 나를 위한 최선의 방법이 무엇인지 답을 준다. 그 다음으로는 그 방법을 실천하는 순서만 남아있다.

행복해지기 위해서는 자기 자신부터 진심으로 사랑해야 한다. '나'는 세상에서 유일무이한 존재이다. 세상 어디에도 나를 대체할 만한 것은 존재하지 않는다. 그만큼 나는 소중한 존재라는 것을 깨달아야 한다.

내가 자신을 소중하게 여기면 화를 내는 경우도 줄어들고 그만큼 더 행복해진다. 그러면 일도 더 잘할 수 있고 주위사람들에게 더 애정을 갖고 대할 수 있다. 주위 사람들 또한 같이 행복해질 것이다.

남에게 지나치게 엄격한 잣대를 들이대는 사람이 종종 있다. 모두가 그런 것은 아니지만 그들 대부분은 스스로에게도 그 엄격한 잣대를 적용시킨다. 그렇게 되면 스스로는 실수투성이의 모자란 인간처럼 보이게 되고 언제나 부족하고 보완해야 하는 인간이 되어버린다. 그것은 본인에게 엄청난 스트레스를 준다. 남들에게도 피곤한 사람이 되는 것은 물론이다.

나를 가장 잘 이해할 수 있는 사람은 다름 아닌 본인이다. 나의 모든 생각을 알고 있고 나의 모든 사정을 알고 있는 건 나 자신이다. 그러니 자신의 마음의 소리를 들으려고 노력하다 보면 정말 본인이 원하는 게 무엇인지 알 수 있게 된다. 원하는 것을 찾은 다음에는 그것을 실현 가능하도록 열정적으로 노력해야 한다.

마음을 비워라

진정한 힘은 마음을 비울 때 나온다. 버리고 사는 연습을 하라고 말했을 때 사람들은 막연한 두려움을 가진다. 본격적으로 이야기하기 전에 필자의 생각은 이렇다.

분수에 맞게 살자고 생각하면 정신적인 여유가 생기고, 마음이 돈으로부터 자유로워진다. 돈이 있든 없든 마음이 언제나 든든하다. 어떻게든 살아갈 수 있다는 마음가짐은 차분한 평정심의 원천이기도 하다.

옷이나 물건 등 가지고 있는 물건을 처분해 버리면 마음에 새길 필요가 없어지고, 그만큼 신경 써야 할 것도 줄어든다. 사용하지 않는 물건을 버려 마음이 상쾌해진 상태로 하루하루를 보내면 그만큼 주위 사람들을 온화하게 대할 수 있고, 일도 활발하게 해낼 수 있다. 물건을 버려 주위에 좋은 영향을 끼치는 사람이 되는 것이 불필요한 물건을 계속 갖는 것보다 환경에도 더 좋지 않겠는가.

버리고 사는 연습이란 다 버리고 가난해지자는 것이 아니다. 욕망이나 충동에 의한 소비를 그만두고, 정말 필요한 양질의 물건을 사서, 그와 관련된 산업에 투자하는 것이다. 또 이를 통해 욕망으로부터 자유로운 삶을 살자는 것이기도 하다.

설령 넉넉하게 돈이 있다 해도, 자극을 추구하는 소비를 줄이고, 필요 없는 물건은 구입하지 않아야 한다. 대신에 꼭 필요한 물건은 사치스러울 만큼 과감히 사 보는 것이 좋다. 풍족하게 산다는 것은 필요 없는 것을 구하지 않는 것이다. 돈과 욕망을 버리는 순간에 참 행복을 알게 된다.

법정스님은 "연잎은 자신이 감당할 만한 빗방울만 싣고 있다가 그 이상이 되면 미련 없이 비워버린다."라고 했다.

욕심낼수록 영혼과 육체는 무겁게 짓눌린다. 때문에 나이가 들수록 자신이 감당할 수 있을 만큼만 가져야 한다. 노년에는 '더'라는 글자보다는 '덜'이라는 글자에 친숙해야 한다.

중국 고대 도가 사상가인 장자는 '궁사가 아무것도 바라지 않고 활을 쏠 때는 모든 기술이 발휘된다. 그러나 그가 영웅이 되려고 활을 쏘면 이미 초조해진다. 상금이 그를 분열시키고 그는 노심초사한다. 그가 활쏘기보다 승리에 더 집착하면서 이겨야 한다는 생각이 그에게서 힘을 빼앗아 간다.'라고 말했다. 마음을 비우는 것이 그토록 중요한 것이다.

진정한 행복은 개인의 강점을 파악하고 계발하여
일, 사랑, 자녀 양육, 여가 활동이라는
삶의 현장에서 활용함으로써 실현된다.

– 마틴 셀리그만

웰빙의 5가지 구조의 삶

『행복은 기쁨의 강도가 아닌 빈도다』라는 논문에 따르면 행복한 삶을 구성하는 결정적인 요소는 일상의 소소한 기쁨을 얼마나 '자주' 느끼는가에 달려있다. 가장 행복한 삶은 자기가 하고 싶거나 하고 있는 일에서 의미와 보람을 느낄 수 있는 삶이다. 누군가를 위해서 살아가는 것이 아니고, 내가 진정으로 원하는 것만이 나를 행복하게 만들 수 있다. 그러므로 우리가 해야 할 일은 정말 바라는 것만을 마음속에 그리는 것이다.

마틴 셀리그만 교수가 말하는 긍정심리학이란 과학적인 연구를 통해 최적의 인간기능을 연구하는 학문 또는 행복에 관한 과학적인 연구를 말한다. 그는 누구나 행복을 배우면 행복도 만들 수 있으며, 스스로 자아내는 삶을 이끌어 갈 힘이 있다는 희망의 메시지를 던져주고 있다.

이제는 과학 분야에서 삶을 불행하게 만드는 부정적 심리상태가 아니라 긍정적인 정서에 대해 연구해야 한다고 말하는 것이 바로 긍정심리학이다. 이는 개인의 강점과 미덕을 추구하여 아리스토텔레스가 말한 '행복한 삶'으로 이끌어줄 학문이기도 하다.

이에 따르면 진정으로 행복한 삶이란 참된 행복과 큰 만족을 얻기 위해 날마다 자신의 큰 강점을 활용·계발하여 일, 사랑, 자녀 양육, 여가활동이라는 삶의 현장에서 활용함으로써 실현되는 것이다.

우리가 좀 더 행복해질 수 있는 한 가지 방법은 전반적인 삶뿐만 아니라 일상에서 해야 할 일을 줄이고, 하고 싶은 일을 늘리는 것이다. 동시에 사람들과 좋은 인간관계를 맺고 살아가는 방법도 행복해지는 방법이다.

이런 행복한 삶에 관련된 5가지 삶의 종류를 살펴보며 행복에 대해 생각해 보자.

즐거운 삶

행복은 모든 사람의 가슴 속에 있는 선물 같은 것이다. 다만 단거리 경주같이 바쁜 일상 속에서 달리기하듯 살아가다 보면 가끔은 행복을 놓칠 때가 있다. 그럴 때는 자기 자신을 돌아보면서 조용한 시간을 가져보는 것이 좋다. 진정으로 바라는 행복이 무엇인지 알 수 있기 때문이다. 자신을 돌아보는 것이 행복의 첫 단계이다. 자신과의 조화를 이루어야 하기 때문에 휴식을 즐겨야만 하는 것이다.

자신과 조화를 이루는 사람은 휴식에서 어떤 것도 바라지 않는다.

만약 스스로 마음의 평화를 누릴 수 있다면 자신에게 적절한 정도와 기준을 자연히 알게 될 것이다. 이때 알게 된 기준에 따라 살면 우리의 삶은 더 풍요롭고 즐거운 삶이 될 것이다. 쾌락적인 요소는 시간이 지나면 또 다른 것을 더 크게 추구하려고 한다. 그래서 취미 생활이나 대인관계의 기쁨, 가족여행 등은 채우고 채워도 결국에는 채워지지 않는 공허함을 더 크게 느낄 수 있다.

진정한 행복이란 스스로 일을 즐기는 데에서 오기도 하지만 동시에 남을 행복하게 하는 데에서 오기도 한다. 다른 사람과 사회에 도움이 되는 목적으로 행동하는 것이 바로 그것이다. 즐거운 마음으로 삶을 살아가는 사람은 고난이 닥쳐도 흔들리지 않는다. 이런 사람들은 인생이 유유히 흘러가는 강이라고 생각하고 받는 것보다 주는 것을 먼저 배운다. 즐거운 마음으로 살아가기 위해서는 행복을 얻는 것이 가장 중요하다는 진리를 알고 있기 때문이다.

몰입하는 삶

몰입에 빠지게 되면 한 가지 일에 온 정신을 쏟게 되어서 시간이 어떻게 가는지, 주변에 무슨 일이 벌어지고 있는지도 알지 못한다. 이렇게 완벽한 몰입의 상태가 되기 위해서는 그 대상이 적절히 균형 잡힌 과제여야 한다. 너무 쉬우면 쉽게 따분해지고 너무 어려우면 쉽게 좌절하게 되기 때문이다.

그리스 로마 신화에 등장하는 전설적인 귀족 가문인 호라티우스는 '매일 매일이 그대에게는 마지막 날이라고 생각하라. 그대는 기대하지 않는 시간이 오는 것을 감사로 맞이하라.'라고 말했다. 또, 고대 로마의 정치가이며 탁월한 웅변가 키케로는 '우리에게 가장 알맞은 일은 우리에게 가장 자연스러운 일들이다.'라고도 하였다. 이 말에 따르면 자기 일을 하려는 자는 먼저 자신이란 존재가 무엇인가, 그리고 자기에게 어울리는 일이 무엇인가를 찾아야 한다. 자기를 아는 자는 남의 일을 자기 일로 혼동하지 않는다.

요즘은 온·오프라인 매체로 다양하고 복잡한 정보를 접할 수 있게 되었다. 그 부작용으로 우리는 겉모습만 화려한 사람을 부러워해서 스스로를 불행에 빠뜨리기도 한다.

보이는 화려함만 보고 무작정 그것을 쫓아간다면 진정 중요하다고 생각하는 일에 불필요한 생각이나 일이 들러붙는다. 모든 것에 욕심을 내지 않고 적당히 필요한 만큼 하고 있다면 현 상황에 몰입함으로써 행복을 찾을 수 있다. 마음을 한가하게 가지고 건강과 자기관리 등 자신에게 꼭 필요하고 중요한 것에 시간을 투자한다면 더 행복해질 수 있을 것이다.

좋은 삶

행복한 상태에 도달할 수 있도록 준비를 해야 한다. 논리학자이자 철학자인 버트랜트 러셀은 행복한 삶이 대부분 조용한 삶이라고 얘기했다. 진정한 기쁨은 조용함에 머물기 때문이다. 단순히 아무 문제 없는 수동적인 조용함이 아니다. 흥미진진하게 마음 가는 대로 살아감으로써 얻을 수 있는 평화로운 조용함이다.

자신이 좋아하는 일을 한다면 더 행복하고, 더 성공하기 쉽고, 더 부자가 될 수 있을 것이다. 만약 이미 어떤 일을 하고 있다면 지금 하고 있는 일을 좋아해야 한다. 그 뒤 마음 가는 대로 해야 한다. 진정한 행복을 위해서는 어느 정도 불편함과 어려움을 감수해야 하지만 일부 자기계발서와 정신과 치료는 그런 것을 피해가려고 한다. 그러나 행복은 스스로 가진 장애를 넘어서야 한다는 것을 전제로 한다.

오스트리아의 저명한 정신과 의사인 빅터 프랭클은 이렇게 주장했다. '인간에게 실제로 필요한 것은 긴장이 없는 상태가 아니라 자신에게 가치가 있는 목표를 위해 노력하고 투쟁하는 것이다. 인간에게 필요한 것은 어떻게든 긴장에서 벗어나는 것이 아니라 그 자신이 실현할 수 있는 잠재적 의미이다.'

다른 사람을 사랑하는 사람만이 사랑을 되돌려 받을 수 있을 것이다. 행복은 따뜻한 도움의 손길에서 비롯되며, 다른 사람들과 나누는 것이 우리의 삶에 속한다. 우리는 교환하고 나눌 때만 삶을 풍요롭게 할 수 있다.

의미와 보람 있는 삶

빅터 프랭클은『죽음의 수용소에서』라는 책에서 홀로코스트 희생자들의 가혹한 삶 속에서도 삶의 의미를 찾을 수 있었다고 이야기한다. 그들은 강제수용소에서 육체적·정신적인 고통을 겪어야 했지만 열악한 환경에서도 한 가지만은 포기하지 않았다. 그들의 목적은 사랑하는 가족과 다시 만나거나 언젠가 자신이 겪은 일을 글로 쓰는 것이었다.

프랑스의 르네상스 철학자 미셸 드 몽테뉴는 '위대하고 영광스러운 인간의 걸작은 목적을 갖고 사는 것이다.'라고 말했다. 우리에게 의미 있는 삶의 목표는 각각의 활동에 의미를 부여하는 것이다. 또한 마틴 셀리그만 교수는 의미 있는 삶이 '자신의 큰 강점과 미덕을 활용하여 자신의 존재보다 더 큰 무엇에 봉사하는 것'이라고 얘기했다.

의미와 보람이 있는 삶이라면 그 무엇도 부럽지 않다. 만약 돈이 행복을 가져다주는 것이라면 백만장자가 세상에서 가장 행복한 사람일 것이다. 하지만 현실은 그렇지 않다. 그들도 다른 사람과 마찬가지로 좌절을 겪고 심지어는 가난한 사람들보다 더 불행하다고 느끼기도 한다. 그들이 돈으로 살 수 있는 것은 오로지 물건뿐이다. 그것들은 일시적인 만족에 불과할 뿐 영원하지는 않다. 의미와 보람이 있는 삶은 환경에 따라 결정되는 것이 아니라 스스로의 마음가짐에 달려있다.

필자는 2013년 9월부터 2016년 7월까지 서울시청 복지본부에서 복지업무팀장으로 근무하였다. 희망복지지원과 민간자원관리팀은 저소득주민에게 기부하는 푸드 뱅크 사업을 하는 곳이다.

푸드 뱅크Food Bank, 기부식품제공사업은 식품제조, 유통기업 및 개인으로부터 여유식품과 생활용품을 기부 받아 지역사회 내 결식아동, 독거노인, 재가 장애인, 무료 급식소, 지역아동센터 등 복지소외계

층에게 전달함으로써 우리 사회 결식완화 또는 해소에 기여하는 나눔 제도이다. 생산·유통·판매·사용과정에서 남겨진 식품을 어려운 이웃에 전달하여 유용하게 활용토록 연결하고, 이러한 연결과정을 통해 이웃을 생각하는 공동체의식을 심어주며 식품자원의 낭비도 줄이는 데 목적이 있다. 민간자원관리팀장으로 근무하면서 어려운 이웃에 조금이나마 도움이 될 수 있는 사업을 하는 담당팀장이라는 직책이 참으로 보람 있는 것임을 느끼자 마음이 흐뭇하였다.

서울시 인구1천 13만 명의 약 21.1%를 차지하고 있는 장년층50세~64세 214만 명(남성 102만, 여성 112만, 2014년 기준) 준비되지 않은 노년기를 맞이할 경우 사회보장체제의 새로운 사각지대로 부상하게 될 것이다. 이러한 향후 고령사회 도래를 대비하여 은퇴 전후에 새로운 인생을 위한 준비 및 성공적인 노후 생활을 위한 모든 활동을 지원하기 위해 전국 지방자치단체 최초로 '인생이모작지원과'가 신설되었다.

이렇게 탄생한 어르신과 베이비부머(중년층)의 일자리 사업을 하는 서울시 인생이모작지원과 초대 사업팀장을 역임하게 되었다. 100세 시대인 인생 2막의 나침반이 되어 드리기 위해서 50+세대의 틈새일자리 발굴, 50+세대의 경력과 전문성을 활용할 수 있는 일자리 모델 개발을 위한 보람일자리(공공일자리)를 제공하고 65세 이상에 경로당 코디네이터, 소비자 식품 명예 감시원, 교통 서포터즈, 주차 관리인 등 각 세대에 특화된 공공일자리 지원정책에 중점을 두었다.

또한, 기존 복지시설단체에서는 베이비부머에 특화된 교육 자원 봉사, 건강, 여가 등 특화 지원프로그램이 전무하여 일자리 지원, 사회공헌, 건강, 여가 등 종합적이고 체계적인 대응이 필요함에 따라 분야별 상담 DB를 활용한 맞춤 자원 연계를 서울 및 도심권 인생이모작지원센터에서 실시하였다.

자활지원과 사업팀장을 하면서 기초생활보장수급자, 차상위계층 등 저소득층에게 자활을 위한 근로 기회를 제공함으로써 자활기반을 조성하여 탈·수급 및 자활용도로 사용하여 발판을 마련하는 데 도움을 줄 수 있는 사업을 시행하였다. 희망키움Ⅰ, 희망키움Ⅱ, 내일키움 통장사업이 바로 그 사업인데, 저소득층이 중산층으로 발돋움할 수 있는 기반을 제공하는 업무를 하는 것이 공무원으로서 의미와 보람 있는 삶이 아니었나 생각한다. ※희망·내일키움 통장이란 일하는 수급가구 및 비수급 근로 빈곤층의 자활을 위한 자금으로써 공통적으로 본인이 매월 일정하게 저축한 금액에 정부와 지자체가 지원금을 추가로 지원하여 목돈마련을 할 수 있도록 돕는 제도입니다.

우리는 모두 서로 무척 다르다. 그것을 깊이 인식하고 존중해야 한다. 그래야 비로소 타인에 대한 사랑과 자신의 개성을 자랑스러워하는 마음이 가슴 가득 퍼질 수 있고 결국 의미를 가질 수 있게 되기 때문이다. 즉, 우리의 생각이 우리의 인생을 만들므로, 우리의 마음을 평화와 용기, 건강, 희망에 대한 생각으로 가득 채워야 한다.

삶이 보람차려면 '가장 높이 나는 새가 가장 멀리 본다.'라는 말처럼 우선 높은 이상을 지향해야 한다. 그것은 현재에 안주한다기보다는 보다 고귀한 가치를 찾아 나선다는 뜻이고, 이는 곧 창조적 정신과도 연결되어 있다. 창조적 정신은 자유의지의 표현이다. 새로운 목표 설정은 기존의 틀을 벗어나게 해준다. 이러한 탈주는 주체적이고 창조적인 삶을 위한 기회가 되며 행복에 이르는 과정이 된다.

물론 이를 위해서는 많은 노력이 필요하다. 예기치 않은 주변의 비난과 저항에 맞닥뜨릴 수도 있다. 그렇다고 타협해서는 안 된다. 그것은 자유의 실현도, 창조적 정신의 발현도 불가능하게 한다. 사회구성원, 더 나아가 세상과의 갈등과 모순을 극복할 때 개인의 창조적이고 의미 있는 삶이 나타날 수 있는 것이다.

어떤 사람은 돈이나 지위가 아닌 의미와 즐거움을 추구하면 세상에서 일컫는 행복을 얻지 못할까 봐 전전긍긍한다. 학교 성적이 동기가 되지 못하면 학생들이 공부를 게을리할까 걱정하고, 승진과 월급인상이 동기가 되지 못하면 직장인들이 일을 게을리할까 걱정하는 것이다. 하지만 이런 동기가 없어도 삶의 의미가 분명하게 있다면 해야 할 일을 분명히 할 수 있다. 마찬가지로 쾌락주의자로 살아오다가 행복한 삶의 전형으로 방향을 바꾼다고 해서 모든 즐거움을 포기해야 하는 것은 아니다. 오히려 쾌락주의자의 즐거움은 오래가지 않지만 행복주의자가 느끼는 즐거움은 지속적이다.

프로이트의 '쾌락원칙'은 사람이 기본적으로 즐거움을 추구하는 본능적인 욕구에 따라 움직인다는 쾌감원칙을 중심전제로 한다. 만족스럽고 행복한 삶을 살기 위해서는 즐거움을 추구하는 욕구와 의미를 추구하는 욕구가 둘 다 충족되어야 한다.

만족스러운 삶

영국 래스터 대학에서는 가장 행복한 나라를 찾는 연구에서 1위로 덴마크를 선정하였다. 또한 부탄은 경제적 척도로 보면 가장 못사는 나라 중의 하나이지만 세상에서 행복한 나라로 따진다면 상위에 해당된다는 보고서가 있다. 이처럼 인생이 행복해지는 방법은 부와는 상관이 없다. 인생이 행복해지는 것에는 일정한 방식이 없기 때문이다. 누군가가 우리를 행복하게 만들어줄 수 있는 것도 아니고 어떤 나라에서 지내는 것이 더 행복하다고 말할 수도 없다.

행복을 선택하고, 스스로가 완벽하지 않다는 사실을 받아들인 삶을 즐겨야 한다. 우리는 모두 불완전한 인격체이다. 우리는 그 어느 때보다 풍요로운 문명 속에서 살고 있지만 모두가 그 풍요로움에 행복함을 느끼는 것은 아니다.

많은 것을 소유하는 것 자체는 나쁜 것이 아니다. 하지만 현재에 만족하지 못하고 좀 더 많은 것을 바라는 자세는 자칫하면 불행의 씨앗이 될 수 있다. 욕심은 끝이 없고 절대 충족되지 않기 때문이다. 문제는 현재 갖지 못한 것에 있다기보다는 더 큰 것을 갈망하는 습관에 있다. 그것을 먼저 깨달아야 한다.

만족하라는 말이 자신이 가진 것 이상을 절대 원해서는 안 된다는 뜻은 아니다. 하지만 행복해지기 위한 조건이 더 많은 것을 소유하는 것도 분명히 아니다. 자신을 돌아보며 웃고 스스로를 위해서 사소한 일이라도 시도하는 것이 오히려 행복의 열쇠가 될 수 있다. 소유는 잠시 욕구가 충족되는 기분을 느끼게 해주지만 단지 일시적일 뿐이다.

이미 누리고 있는 축복에 대해 감사할 줄 알아야 한다. 행복은 자신과 원하는 것의 괴리가 좁혀질수록 더 빨리 찾아올 수 있다. 또한 완벽해지려는 생각도 버리는 것이 좋다. 완벽에 집착할수록 조급해지기 때문에 더욱 완벽에서 멀어지는 모습이 된다. 완벽해지겠다는 부담을 버리고 진실한 태도로 인생을 대하면 오히려 완벽에 가까워질 수 있다.

반드시 뭔가를 해내려고 하고 남들에게 자신의 능력을 과시하려고 하지 않아야 한다. 중요한 것은 스스로의 내면에 귀를 기울이는 것이다. 철학자 버트런드 러셀은 '진정으로 만족스러운 행복은 우리 능력을 최대한 발휘해서 우리가 사는 세상을 충분히 구현함으로써 가능해진다.'라고 말했다. 우리의 능력껏 우리만의 세상을 구현해야 한다는 것이다. 그러니 대통령이나 총리가 되어야만 행복해지는 것은 아니다.

중요한 것은 자신의 내적 잠재력을 얼마나 발휘하느냐에 달려있다. 우리가 하는 일에 열정을 갖고 스스로가 알맞은 곳에서 일하고 있다고 느낀다면 누구나 행복해질 수 있을 것이다.

2016. 6. 9   박원순 서울시장과 전국 광역자활센터장 간담회

Date:

Place:

Member:

PART 5

인생을
즐기는 법

한가로운 시간은
그 무엇과도 바꿀 수 없는 재산이다.

– 소크라테스

Intro

이 책을 읽는 독자들이라면 인생의 가장 큰 목표는 성공이다. 하지만 성공은 말 그대로 가장 큰 목표이다. 물론 행운이 따른다면 다른 사람들보다 더 일찍 이루어질 수도 있겠지만 보통은 마라톤처럼 장기적인 계획이 필요하다. 알다시피 마라톤은 처음부터 전속력으로 달리는 경기가 아니다. 다른 사람의 속도에는 신경 쓸 필요가 없다.

제일 신경 써야 하는 부분은 자신의 체력에 맞는 속도 조절이다. 일을 추진해야 할 필요가 있을 땐 전속력으로 달리는 것이 좋지만, 달릴 수 있는 힘을 모으기 위한 준비기간도 필요하다. 인생을 즐기라는 얘기는 미래를 위해 질주하는 현재를 잠시 재정비하라는 뜻이다. 많은 현대인은 어릴 때부터 끊임없는 경쟁과 쉼 없는 학습을 해왔다. 그래서 막상 쉴 수 있는, 또는 쉬어야만 하는 그 순간이 생기더라도 방법을 잘 몰라 제대로 여유를 즐기지 못한다.

삶의 휴식기를 즐길 줄 알아야 한다. 앞으로 나오는 방법들은 철저하게 지키라는 의미로 소개하는 것이 아니다. 다만 가벼운 마음으로 살펴보면서 해 보면 좋을 것 같다고 생각되기를 바란다.

느림의 삶

　현대 사회에서 느리다는 것은 죄처럼 여겨진다. 뭐든지 빨리 해야 하고 미리 해야 한다고 우리는 배워왔다. 그래서 우리는 느긋해진다는 말의 의미를 잊고 살아가고 있다. 그래서 느긋하다는 말은 부정적인 표현으로 여겨지기도 한다. 하지만 느긋한 마음으로 세상과 자신의 삶을 대할 경우 마음이 평화로워져서 자신을 진심으로 사랑하게 된다. 그런 사람이 꿈꾸는 미래는 당연히 희망찰 것이다.

　느긋해지면 그렇지 않은 사람들과의 경쟁에서 뒤처질 것 같은 두려움에 빠진다. 그래서 우리의 삶에는 점점 가속도가 붙는다. 느긋한 것이 게으름인 것 같고 현실을 외면하고 있는 것처럼 느껴지기 때문이다. 그런 두려움은 생각을 마비시킨다.

　성급한 사고는 창의력과 삶의 동기를 빼앗을 뿐만 아니라 일을 수행할 수 있는 에너지조차 소실시켜 버린다. 두려움은 자신의 잠재력마저 보지 못하게 하고 원래 가지고 있던 능력조차 의심하게 만든다.

느긋해지는 것은 오히려 두려움이 찾아오는 그 순간이나 빨리 무언가를 해야 할 것 같은 압박감이 들 때 필요한 자세이다. 느긋해진다는 것은 '무엇인가를 하기'보다는 '그냥 있음'을 선택하는 것이다.

그냥 있음으로써 우리는 어떤 일에서 한 발짝 더 떨어질 수 있다. 그렇게 거리를 두다 보면 코앞에서 보았을 때는 볼 수 없었던 것들이 보이기 시작한다. 닥친 일이 생각보다 크지 않다는 것을 알게 되고 어떻게 움직여야 일이 순차적으로 잘 해결될지를 볼 수 있다.

느림의 삶이란 미련하다는 뜻도, 현실을 직시하지 못한다는 뜻도 아니다. 자신이 옳은 방향으로 가고 있는지 확인해 보는 시간을 가지겠다는 의미이다. 잘못된 방향으로 가고 있었다면 다시 옳은 방향으로 갈 수 있는 기회이기도 하다. 나의 주변에는 자신의 분야에서 프로로 인정받는 사람들을 많이 볼 수 있다. 그들은 모두 느긋하고 평화롭다. 자신이 원하는 내적인 평화를 얻으면 욕심이나 걱정 등 부정적인 생각을 하는 시간이 줄어들게 된다. 그런 긍정적이고 잔잔한 마음상태에서 목표에 온전히 집중할 수 있는 힘이 생긴다.

우리의 진정한 모습은 생각이나 감정이 아니라 순수하고 자유롭고 즐거운 영혼이기에 삶을 느긋하게 대하면서 인생을 즐겁게 바라볼 줄 알아야 한다.

프랑스의 사회철학자 피에르 쌍소는 『느리게 산다는 것의 의미』

에서 '한가로이 거니는 것, 그것은 시간을 중단시키는 것이 아니라 시간에 쫓겨 몰리는 법 없이 오히려 시간과 조화를 잘 이루는 것'이라고 말했다. 느리게 걷는 것을 통해 일상을 새롭게 볼 수 있는 힘을 얻게 된다는 의미이다.

필자는 특히 걷기를 가장 즐긴다. 직장이 매봉역 근처라 퇴근할 때 양재천을 따라 한 시간 정도 걸어서 선바위역까지 도착하고, 선바위역에서 상록수역까지 지하철을 타고 다니고 있다.

생각이 복잡하거나 혹은 우울하거나 외로울 때 무조건 발바닥에 땀이 나도록 걷는다. 그렇게 하다 보면 심각해 보였던 문제도 사실은 별것이 아니며, 그 문제를 해결할 열쇠까지 떠올라 나를 기쁘게 한다.

프랑스 사회학자 브르통은 '걷는다는 것은 자신을 세계로 열어 놓는 것이다. 발로, 다리로, 몸으로 걸으면서 인간은 자신의 실존에 대한 행복한 감정을 되찾는다.'라고 했으며, 심지어 '걷기는 인간의 모든 감각기관을 활짝 열어주는 능동적 형식의 명상'이라고까지 하였다.

아리스토텔레스, 칸트, 릴케, 히포크라테스와 같은 역사적으로 유명한 위인의 공통점도 바로 걷기를 즐겼다는 사실이다. 이들은 천천히 걸으면서 생각하고 많은 영감을 얻었다.

내 삶을 어떻게 살 것이냐 하는 것은 스스로만 선택할 수 있다. 다른 누군가가 해줄 수 있는 것이 아니다. 그러므로 우리는 쫓기듯이 초조하게 살 것인지, 아니면 느긋하게 올바른 방향으로 살면서 삶을 즐기고 살 것인지 선택해야 한다.

우리가 이룬 만큼,
이루지 못한 것도 자랑스럽다.

– 스티브 잡스

활기차지는 법

　행복해서 웃는 게 아니라 웃어서 행복한 것이라는 말이 있다. 물론 반대의견도 존재하지만 여전히 생각해 볼 필요는 있다. 우리는 뇌를 속일 수 있다. 웃는 것만으로도 뇌는 몸이 행복한 상태라고 착각하고 도파민을 분비한다.

　별로 재미있지 않아도 웃고, 입가에서는 항상 미소를 지으려고 노력하자. 처음에는 노력을 해야 가능한 일이지만, 점차 익숙해져서 자연스럽게 얼굴에 웃음이 가득하게 될 것이다. 웃고 다니다 보면 인상도 바뀌고 사람들과도 쉽게 친해지고, 그러다 보면 생각도 바뀌고 행복해질 것이다.

　하루에 3번씩은 웃자. 억지로라도 웃자.

　웃음은 왜 필요할까. 웃음은 마음을 편안하게 하고, 이로써 성격을 밝게 하고, 가정을 화목하게 하며 건강을 안겨주는 행복항체이다. 또한 웃음은 스트레스를 한순간에 해결하는 명약이며, 모든 고통으로부터 해방시키는 진통제이다.

웃음에 관한 명언을 들어보자. 스탠포드대학 의과대학 교수 윌리엄 프라이 박사는 "웃음은 전염된다. 웃음은 감염된다. 이들은 당신의 건강에 좋다."라고 했다.

패티우텐 여사는 "당신이 웃고 있는 한 위궤양은 악화되지 않는다."라고 하였으며, 심리학자이자 철학자인 윌리엄 제임스 교수는 "우리는 행복하기 때문에 웃는 것이 아니라 웃기 때문에 행복하다."라고 하였다.

칼 조세프 쿠셀은 "웃음은 마음의 치료제일 뿐만 아니라 몸의 미용제이다. 당신은 웃을 때 가장 아름답다."라고 하였다.

같은 방법으로 활기차게 살려고 노력하는 것은 처음엔 스스로 삶이 즐겁다고 착각하도록 만들 뿐이다. 하지만 그것이 곧 진짜 감정이 된다. 정말로 인생이 즐거워지는 것이다.

일상생활에 바로 적용하기 쉬운 몇 가지 예를 들어 보고자 한다. 첫째로, 아침을 맞이할 때는 시끄러운 자명종 소리보다는 음악이 좋다. 오디오 타이머를 이용하면 좋아하는 음악을 자명종 대신 사용할 수 있다. 알람은 깨우는 것에만 목적이 있기 때문에 사용자의 신경을 날카롭게 만드는 것을 신경 쓰지 않는다. 그저 끊임없이 울부짖을 뿐이다. 하루의 시작, 특히나 눈을 뜨자마자 맞이하는 하루의 첫 시작인데 스트레스를 받으면서 일어나는 것은 스스로에게 가혹하다. 음악을 들으면서 깨면 훨씬 부드럽고 기분 좋게 깰 수 있다.

두 번째로는 기상 후엔 바로 물을 마시고 아침식사를 거르지 않는 것이다. 일어나자마자 물을 마시는 것은 세포를 활성화시켜 주며 기초대사를 활발히 하는 데 도움이 된다. 아침식사를 간단히 해결해 버리거나 생략하는 경우가 많은데 이는 큰 손해다. 아침밥을 먹는 것은 뇌를 활발하게 해주며 하루에 필요한 영양소 섭취에 꼭 필요한 행위가 된다.

이루어지지 않을 것이라고 비관만 하기보다는 즐거운 상상을 많이 해주는 것도 좋다. 평소에 상상을 많이 하는 사람은 실제로 그것이 현실세계에서 이루어지기도 한다. 상상이 현실로 바뀌는 순간이 우리의 인생을 드라마 속의 명장면으로 만들어 준다. 그것은 우리가 우리 인생의 주인공이라는 사실을 한 번 더 일깨워주며 주인공으로서 자신의 인생에 더 책임감을 가지게 될 것이다.

스트레스를 받으면 목청껏 노래를 부르거나 친구들과 몇 시간 동안 이야기를 하는 것도 좋은 방법이 될 것이다. 노래를 부르다 보면 속에 답답하게 쌓여있던 것이 빠져나가는 기분이 들어서 몸이 한결 가벼워진다. 또, 문제를 해결하지는 못하더라도 그냥 자신의 고민을 함께 걱정해주고 위로해주는 사람이 있다는 것만으로도 스트레스가 해소되기도 한다.

꾸준히 많이 걷는 것도 필요하다. 몸을 위해서 적당한 운동이 필요하다. 활기는 건강한 사람에게서만 나오는 법이다. 방안에만 틀어박혀 있거나 체력적으로 힘에 부치는 사람에게 생기를 찾아보기란 힘들다.

　스스로에게 끊임없이 질문하고 답하는 대화를 하는 것과 칭찬을 아끼지 않는 것의 균형을 잘 잡아야 한다. 스스로와 대화하지 않는 사람은 자기합리화나 자기기만에 빠지기 쉽다. 자신이 왜 그렇게 생각하는지에 대해 생각해 보고, 또 그에 따른 질문을 해 보는 논리적인 과정에서 정신적으로 성숙해질 수 있다. 그렇다고 지나치게 자신을 질문으로 다그쳐서도 안 된다. 자칫하면 자존감을 깎아내릴 수도 있기 때문에 스스로에게 칭찬할 것은 칭찬도 하면서 나를 뒤돌아보며 가야 한다.

나는 감사할 줄 모르면서
행복한 사람은 한 번도 보지 못했다.

– 지그 지글러

감사한 마음은
반드시 표현하라

　필자는 매일 아침 감사하고 긍정하는 생각으로 하루를 시작한다. 감사와 마음의 평화는 서로 떼어낼 수 없는 존재라고 생각하기 때문이다.

　이 과정에서 가장 중요한 것은 마음을 열고 작은 것이라도 감사하는 마음을 갖기 위해 노력하는 태도이다. 그리고 일찍 하면 할수록 마음의 평화가 빠르게 찾아오기 때문에 무엇보다 아침 일찍 하는 것이 좋다.

　삶이라는 선물에 대해 감사하는 마음을 가지면 가질수록 마음은 더욱 평화로워진다.

　"삶을 건강하고 행복한 마음가짐으로 창조하는 핵심은 한마디로 감사하는 마음으로 사는 법"이다. 주위 사람을 사랑하는 마음의 행동으로 실천하게 됨으로써, 마치 작은 돌 하나로 시작된 물결무늬가 넓게 퍼져 나가듯이 사람들 사이에 사랑을 전달한다.

캘리포니아의 심리학 교수인 로버트 에먼스Robert Emmons는 평생 감사에 대해 연구해왔다. 그는 은혜를 저버리는 행동이 자아를 위축시키는 반면에, 감사는 자아를 확장시킨다고 주장했다.

"첫째, 감사는 자신의 삶에 좋은 일이 일어났음을 인정하는 것이고 둘째, 감사는 그 좋은 일의 출처가 최소한 부분이나마 자아의 외부에 있음을 인정하는 것이다."

인생은 혼자 잘나서 잘 되는 것이 아니다. 태어나면서부터 수많은 축복과 기회를 받아왔기 때문에 지금 우리가 이렇게 활동할 수 있었던 것이다. 자신에게 소중한 것들은 다양한 방법을 통해 당연하게 받아온 것들이다. 가족, 친구들, 지금 살고 있는 세상…. 그 외에도 알게 모르게 많은 것을 받아왔다.

세계적으로 가장 영향력 있는 여성 중 하나로 뽑힐 만큼 성공한 오프라 윈프리, 그녀는 불우했던 어린 시절을 딛고 일어나 인생에 대한 열정적인 태도와 긍정적인 마음으로 자신의 길을 개척하며 '가장 낮은 곳에서 출발했지만 가장 높은 곳까지 오른 여성'이라는 평가를 받고 있다. 오늘의 성공이 있기까지 탁월한 시간관리, 긍정적인 태도, 항상 노력하는 자세 등 여러 요소가 있었지만, 그 핵심에는 감사하는 마음이 있었다. 힘든 일을 잘 마칠 때마다 항상 '감사합니다. 나는 정말 축복받았습니다.'라는 말을 하였고, 매일 있었던 일 중에서 감사한 일 5가지를 적으며 하루를 마감했다. 그녀의 감사 일기 내용을 보면 대단한 일이 아니라는 사실을 알게 된다.

예를 들면 '오늘도 건강하게 일어날 수 있는 아침을 주셔서 감사합니다.' 또는 '오늘 먹은 토스트가 참 맛있습니다. 맛있는 토스트를 먹게 해주셔서 감사합니다.' 등이다.

감사하는 마음이 인생을 즐기면서 살 수 있는 핵심요소이다. 감사와 마음의 평화는 언제나 함께 붙어 다닌다. 감사하는 마음이 커지면 커질수록 평화로워진다. 또한 감사하면 할수록 더욱 큰 감사가 우리를 행복하게 만든다. 주위 사람에게 감사를 표현하는 말과 행동은 서로에게 긍정적인 영향을 미친다.

2016년에 MBC 스페셜 심리다큐 '행복에 이르는 단계'에서 방영된 내용인데 영국 슬라우 마을 주민들을 대상으로 실험한 행복 실천법으로 행복 제안 3가지인 첫째, '감사하라' 둘째, '친절하라' 셋째, '선행하라'를 실천하였더니 현재보다 행복지수가 33% 더 높아졌다는 연구 자료도 있다.

나는 실패한 게 아니다.
나는 잘 되지 않는 방법 1만 가지를
발견한 것이다.

– 토마스 에디슨

발전하는 법

　심리학자 데이비드 왓슨은 『긍정적인 정서』라는 논문에서 목표설정의 중요성을 강조했다. 행복과 긍정의 정서를 가지는 것에서 가장 중요한 것은 목표 달성보다 목표를 추구하는 과정이다. 때문에 목표 설정은 현재 하는 일을 온전히 즐길 수 있도록 이끌면서 간접적으로 행복 수준을 높여준다. 뚜렷한 의미를 가진 목표는 현재를 허비하지 않고 올바로 쓰게 하는 버팀목이 되어서 목표를 향한 여행 그 자체를 즐겁게 만들어 준다.

　목표를 설정하고 그것을 발전시키는 과정에는 세심한 계획이 필요하다. 매주, 매달 목표를 각각 세우고 실천해 나가는 것이 중요하다. 매달 목표만 세운다면 달마다의 간격이 넓어서 생활의 리듬감이 깨어진다. 주마다 목표를 달성하고 그것이 모여서 한 달 목표를 이루는 것이 스스로에게 가장 큰 성취감을 맛보게 할 수 있다.

다른 분야의 사람들과 많이 대화하고 신문·잡지 등을 읽으면서 상식을 쌓는 것도 틈틈이 해야 한다. 현재에는 모든 분야가 연관되어서 활용이 가능하다. 갈수록 전문지식의 경계가 모호해지고 있는 추세이다. 그러므로 자신만의 생각에 갇혀있는 것은 옳지 않다. 새로운 지식을 배우는 것을 게을리해서도 안 된다.

자신이 가진 문제를 함께 의논할 수 있는 사람이 곁에 있다는 것도 좋다. 전문적으로 같이 해결해 나갈 지식이 있으면 더욱 좋겠지만 굳이 관련 지식이 없더라도 그 사람에게 자신의 문제를 설명하는 것만으로도 머릿속이 정돈된다.

한 번이라도 경험해 보지 않은 일을 해 보는 것은 발전에 아주 큰 도움이 된다. 우선은 알 수 없는 두려움을 깨버린다는 것에 큰 의미가 있다. 뭐든지 처음이 가장 어려운 법이다. 생각했던 것보다 무서운 일은 아니라는 것을 알게 되면서 새로운 것에 도전하는 것이 그렇게 나쁜 것이 아니라는 것을 알게 된다. 다음에 똑같은 것을 다시 도전할 경우에는 더 잘할 수 있는 방법을 찾을 수도 있다.

초심을 잃지 않는 것도 중요하다. 초심을 잃은 가장 흔한 유형은 '이만하면 충분히 전문성을 갖추었으니 더 이상 노력하지 않아도 된다.'라고 생각하는 사람이다. 가장 높은 자리에 올라가 있는 사람은 오히려 멈추지 않고 더 노력한다. 발전이 없는 사람은 도태될 뿐이다. 세상이 끊임없이 바뀜에 따라 정보도 쉴 새 없이 바뀌기 때문이다.

피할 수 없다면 즐겨라.

- 로버트 엘리엇

즐거워지는 법

　우리는 종종 두 갈래의 갈림길 앞에 선다. 현재를 위해 미래를 포기할 것인가, 아니면 미래를 위해 현재를 포기할 것인가. 그래서 누군가는 열심히 일해서 저축하고 누군가는 훌쩍 여행을 떠난다. 정답은 없다. 사실 더 정확히 얘기하자면 정도의 차이가 있을 뿐이다. 미래를 위해 현재를 얼마만큼 할애할 것이냐가 차이를 만든다.

　알 수 없는 미래를 대비하는 최선의 방법은 목표를 설정하고 현재에 이루어 나가는 것이다. 오히려 목표를 설정하고 행동하면 지금 순간을 자유롭게 즐길 수 있다. 만약 목적지를 정하지 않고 도로여행을 시작한다면 처음엔 색다르고 즐거울 수도 있다. 하지만 곧 여러 가지 문제에 직면하게 되고 많은 어려움을 느끼게 될 것이다.

　미래를 위해서 현재의 시간을 보낸다는 것은 인내와 고통의 시간이라고 생각할 수도 있다. 그러나 필자의 생각은 이와 다르다. 이루어야 할 목표가 있어서 현재를 즐기는 데에 할애하지 않아도 현재가 충분히 즐거울 수 있다.

미국 사우스웨스트 항공사는 재미있게 일을 했을 때 결과도 더 좋게 나온다는 것을 입증하는 산 사례이다. 사우스웨스트항공은 1971년에 달랑 4대의 비행기만을 가지고 출범했지만, 30년도 채 되지 않아 미국 굴지의 대형 항공사로 성장했다. 그 비결은 '재미'를 중시하는 경영 이념 덕분이다. 사우스웨스트 회장은 '미국에서 가장 웃기는 경영자'로 불릴 만큼 '펀fun' 경영을 중시했다.

직원들에게 재미있고 즐겁게 일할 수 있는 환경을 만들어주었더니 직원들의 생산성이 다른 항공사와는 비교할 수 없을 정도로 높아졌다는 것이다.

"우리가 처리하는 업무량은 다른 항공사보다 많지만 동료들과 이곳에서 함께 일하는 것이 즐거워요. 아무리 어렵고 힘든 일이라도 웃으면서 할 수 있어서 좋아요." 일이 어렵고 힘들어도 즐겁게 일하면 생산성이 높아진다는 사우스웨스트 직원들의 말이 오래도록 가슴속에 남는다.

이런 사실을 아는 필자는 되도록 즐겁게 일을 하려고 한다. 그 내용은 다음과 같다.

첫째. 일하는 동안 웃으면서 한다.
둘째. 가장 하고 싶은 일을 한다.

셋째. 즐겁고 열정적으로 일한다.

넷째. 무언가에 푹 빠진다.

다섯째. 지금 하고 있는 일을 사랑한다.

여섯째. 지금 하고 있는 일에 최선을 다한다.

일곱째. 하기 싫은 건 열심히 해서 최대한 빨리 끝내버린다.

여덟째. 내가 먼저 큰 소리로 인사한다.

아홉째. 유머러스한 사람과 친하게 지낸다.

열째. 부정적인 사람은 되도록 멀리한다.

마음에서 우러나오는 즐거움이 아니어도 좋다. 우선 이 방법들을 따라 하다 보면 처음엔 어색할지 모르지만 차츰 마음이 점점 더 즐거워진다.

먼저 핀 꽃은 먼저 진다.
남보다 먼저 공을 세우려고
조급히 서두를 것이 아니다.

— 채근담

편안해지는 법

한 연구에 의하면 보리에는 뇌파에 영향을 주고 스트레스를 풀어
주는 물질이 함유되어 있다고 한다. 현미, 귀리, 좁쌀, 콩이나 껍질
을 벗기지 않은 견과류와 마카로니 등은 모두 혈당을 안정시키고
불안감을 감소시키며 스트레스를 해소시켜 준다. 그러므로 갖가지
과일과 야채, 곡물류를 균형 있게 섭취하는 것이 중요하다.

스트레스 해소가 현대의 큰 이슈로 떠오르고 있다. 왜 우리는 점
점 과중한 스트레스로 내몰리는 것일까? 그 이유는 바로 잘하려고
조바심을 내기 때문이다. 조바심은 강박을 높인다. 초조하게 만들
고 시야를 좁게 만든다. 그런 상황에서 일이 잘 풀릴 리 없으니 스
트레스는 점점 심해지며, 악순환의 반복이 일어나는 것이다. 이럴
때는 다음과 같은 규칙들을 상기하는 것이 좋다.

첫째. 잘하겠다는 강박관념을 버린다.

둘째. 가방을 절반의 무게로 줄인다.

셋째. 기억해야 할 것은 외우지 말고 메모를 한다.

넷째. 중요한 일부터 처리한다.

다섯째. 인생은 불완전하고 불안정한 것임을 인정한다.

여섯째. 한 번 할 때 확실하게 마무리를 짓는 것이 좋다.

일곱째. 남의 눈치는 보지 않으며 인간관계는 넓고 얕게 한다.

이것을 지킨다면 목표나 책임감의 부담에 짓눌릴 일이 없다. 자신이 할 수 있는 최선을 다하고 결과가 좋지 않아도 지나친 자책은 금물이다. 남의 시선을 의식하는 것에서 벗어나면 더 자유로운 활동이 가능해진다. 몇몇 사람에 집착하여 다른 중요한 인연을 놓치는 일도 줄어든다. 그렇게 된다면 마음이 스트레스에서 벗어나 안정을 찾을 수 있게 된다. 편안한 마음에 건강한 생각이 깃드는 법이다.

성공으로 가는 엘리베이터는 고장입니다.
당신은 계단을 이용해야만 합니다.
한 계단, 한 계단씩.

- 조 지라드

대가없이 베푸는 마음

　많은 사람이 타인을 위해 선행을 베푼다. 대부분의 사람은 누군가에게 관용과 아량을 베풀면서 자신이 꽤 좋은 사람이라고 생각한다. 그리고 다른 사람의 친절을 받을 자격이 있다고 생각한다. 의식적으로든 무의식적으로든 사람이라면 누구나 자신이 한 일에 대한 대가를 바란다. 특히 남을 위해 자신이 무엇인가를 베풀었다고 생각할 때 더욱 그렇다.

　한 부부는 '오늘 내가 설거지를 했으니 당신이 빨래를 해야 한다.' 라고 말한다. 또 다른 사람은 '저번에 내가 보고서를 작성했으니 이번엔 당신이 해야 한다.'라고 주장한다. 이러한 태도는 자신이 베푼 일들에 대해 계속 성적을 매기는 것이다. 또, 다른 사람의 선행을 수치화하여 자신과 물물교환처럼 맞바꿀 수 있다고 생각하는 것이다.

그저 그 자체가 좋아서 선행하는 사람은 다음번에 보답을 받아야 한다는 채무심리 대신에 편안함을 얻는다. 그렇게 되면 그냥 자신이 한 일에 대한 뿌듯함만 느끼며 행복할 수 있다. 점수내기 식으로 내가 일점을 냈으니 상대방도 일점을 내줘야 한다는 식은 서로를 지치게 할 뿐이다. '때로 당신의 인생에서 엉뚱한 친절과 정신 나간 선행을 베풀어라'라는 말이 있다. 그렇게 살다 보면 신기하게도 언젠가 당신이 엉뚱한 친절과 정신 나간 선행을 받는 순간이 돌아온다.

수천 년 동안 부모들은 자식들이 배은망덕하다며 화를 내왔다. 셰익스피어의 리어 왕은 심지어 '은혜를 모르는 자식을 두는 것은 독사에 물리는 것보다 더 고통스럽다'라고 외치기도 했다. 이 말을 해석해 보면, 자식은 부모에게 감사하며 은혜를 잊지 말고 갚아야 한다는 말이 된다. 왜 자식은 부모에게 감사해야만 할까? 은혜를 잊는 것은 잡초가 자라는 것처럼 자연스러운 일이다. 인간은 망각의 동물이기 때문이다. 우리가 얼마나 빠르게, 얼마나 중요한 일을 잊는지를 알게 되면 깜짝 놀랄 것이다.

반면 감사하는 것은 장미를 키우는 것과 같아서 끊임없이 관리를 해줘야 한다. 비료와 물을 줘야 하며 배양하고 동물들로부터 보호도 해야 한다. 자식들이 은혜를 모르는 것이 누구의 책임일까? 바로 부모의 책임이다. 남에게 감사하는 방법을 가르치지 않았다면 자식들이 부모에게 감사하기를 기대하지 말아야 한다.

부모가 먼저 감사하는 마음을 깊이 가져야만 자식들도 감사하는 마음을 가질 수 있을 것이다. 옛말에 '어린아이는 귀가 밝다'라는 말이 있듯이 말을 꺼낼 때는 항상 조심해야 한다. 다시 말하자면 아이들 앞에서 남을 비난하거나 남의 친절을 흠잡는 말을 해서는 안 된다. 자식들의 장래는 언제나 그랬듯이 가정교육에 달려있다.

은혜를 모르는 것 같다고 걱정하기보다는 그럴 수 있다고 예상하는 것이 정신 건강에 이로울 것이다. 감사하는 마음은 훈련된 특성이다. 행복을 찾는 유일한 방법은 감사를 바라지 말고 주는 것에서 기쁨을 찾는 것이다. 바로 이 점을 가르쳐야 할 것이다.

엉뚱한 친절을 베푸는 것은 무엇인가를 해주면서도 아무것도 기대하지 않는 즐거움을 누릴 수 있는 가장 좋은 방법이다. 이런 행동은 남몰래 선행을 베풀고 싶을 때 많은 도움이 된다. 사람이 친절을 베푸는 가장 큰 이유는 그것이 정신적 만족감을 가져다주기 때문이다. 친절한 행동은 자기만족이라는 긍정적인 느낌을 주며 봉사, 신뢰, 사랑 등의 소중한 인생의 측면을 볼 수 있는 계기가 된다.

누군가를 위해서 행하는 사려 깊은 행동들, 기대하지 않고도 뿌듯한 마음이 드는지 자신의 마음속을 들여다보아야 한다. 사람들 모두가 조금씩 서로에게 양보할 때 우리는 더 좋은 세상에서 살 수 있게 되는 것이다. 올바른 사람이라면 대가를 기대하지 않으며 선 그 자체를 베푼다. 그에 따른 보답은 그 행위 자체에서 나오는 따스한 느낌이 전부이다. 계속 연습하다 보면 그 감정만으로 충분한 보상이 된다는 것을 깨닫게 된다. 이것의 실천 방법은 다양하다.

첫째. 해주고 나서 바라지 않으며

PART 5

인생을 즐기는 법

둘째. 스트레스를 피하지 말고 그대로 받아들이며
셋째. 할 일을 뒤로 미루지 말고 지금 시작하며
넷째. 숨을 깊게 들이마시고 내쉬어 보며
다섯째. 잠들기 바로 직전에는 마음과 몸을 편안히 하며
여섯째. 하고 싶은 말은 마음에 담아두지 말고 그때그때 하며
일곱째. 인생은 혼자라는 사실을 애써 부정하지 않으며
여덟째. 현재 이대로의 내 모습을 인정하고 사랑한다.

행운은 마음의 준비가 되어있는
사람에게만 미소를 짓는다.

– 파스퇴르

여유로워지는 법

전속력으로 달리는 것이 우리의 인생 전반에 스며들어 있다. 이제 서두르는 것도 습관이다. 우리는 우리의 인생이 롤러코스터처럼 되기를 바라는 경향이 있다. 한곳에서 다른 곳으로 바쁘게 옮겨 다니고 데드라인을 맞추기 위해 빠른 걸음으로 걷는다. 이는 마음의 평화에 매우 해롭다. 따라서 재미있고 자연스러운 일을 찾고 탁 트인 공간에서 시간을 보낼 줄도 알아야 한다.

우선 아침의 일상에서 어떻게 속도를 줄일 수 있는지 생각해 보자. 30분 일찍 일어나면 서두르지 않아도 되고, 그렇게 되면 하루 전체의 페이스에 큰 차이가 생길 것이다. 여유 있게 아침 식사를 해 보자. 텔레비전, 신문을 모두 치워버리고 한입, 한입 천천히 즐기면서

식사하면 그 과정 자체에서 즐거움을 느낄 수 있을 것이다.

시간을 들여서 처음부터 제대로 하고 그러한 과정을 즐겨야 한다. 인생은 목적지로 향하는 여행이라는 사실을 기억하자. 여행은 도착했다는 결과가 중요한 게 아니라 그 도착하기까지의 과정에서 즐거움이 나온다.

현실적인 계획을 세우고 계획 사이사이에 여유를 두는 것이 좋다. 또한 불필요한 약속은 모두 없애 버려야 한다. 순간이 가져다주는 모든 것을 즐기는 자세도 필요하다. 순간은 곧 과거가 되며 기억이 될 것이기 때문이다. 여유로워지기 위한 방법은 다음과 같다.

첫째, 30분 일찍 일어나면 마음의 여유가 생기며

둘째, 회사에 혹은 집에 휴가를 내서 천천히 즐기며

셋째, 자가용 운전 대신 대중교통을 이용하며 또한 천천히 걸어라.

단순하게 살라. 쓸데없는 절차와 일 때문에
얼마나 복잡한 삶을 살아가는가?

– 이드리스 샤흐

단순하게 사는 법

단순한 삶에 대한 관심이 어느 때보다 높은 세상이다. 그럴 수밖에 없다. 깜빡 졸다 일어나면 새로운 기술이 오래된 기술을 완전히 교체한 뒤다. 상업주의와 손잡은 자본주의는 사람들을 경쟁으로 이끈다. 빠르게 급변하는 세계에서 이기는 건 둘째치고 낙오라도 되지 않아야 한다. 그렇게 발버둥 치다 보면 마음속에 단순하게 살고 싶은 욕망이 생기는 것은 당연한 일일 것이다. 앞으로 발전 속도는 점점 더 빨라질 것이니 소박하고 단순한 삶에 대한 열망 또한 더 커질 것이다.

목사이자 저널리스트인 베르너 티키 퀴스텐마허는 저서 『단순하게 살아라』에서 단순하게 사는 것이 얼마나 중요한 것인지 강조했다. 진정한 삶의 의미와 가치를 찾지 못하는 이유는 삶이 얼마나 단순한지를 깨닫지 못했기 때문이라고 하였다. 쓸데없이 과장하여 말하거나 위선하고, 위장하며, 허세를 부리는 행동 등은 우리의 삶을 더욱 복잡하게 만들고 왜곡시킨다. 그는 투명하고 명료하며 정직하게 행동하는 진실한 삶, 서두르지 않고 삶 전체를 온전히 하나님께 맡기는 삶이 느리고 단순하게 사는 비결이라고 하였다.

프랑스 출신 도미니크 로로의 『심플하게 산다』라는 책은 국내에 본격적으로 단순한 삶이라는 생활철학을 소개한 책이다. 이 책 이후로 국내에는 소박한 식탁, 미니멀 수납법 등 구체적인 방법을 알려주는 실용서들이 등장하였다. 본격적으로 심플라이프 트렌드가 만들어진 것이다.

스트레스를 줄이는 효과적인 방법 중 하나가 바로 단순하게 사는 것이다. 나를 가장 행복하게 만드는 것을 찾을 때까지 불필요한 것을 하나씩 잘라내서 생활을 단순하게 만드는 작업이 필요하다. 그 다음에는 그것을 유지한다. 그러면 마음은 더욱 평온을 찾을 수 있다.

인생의 모든 부분을 살펴보고 속도를 줄일 수 있는 부분을 찾기 위한 노력을 하여야 하며, 일상에서 많은 것을 단순화해보자.

시간이 더 많이 생길 뿐만 아니라. 순간이 가져다주는 모든 것을 즐김으로써 하루를 통틀어 해야 하는 각각의 일로부터 기쁨을 더 얻을 수 있을 것이다.

순간은 곧 과거가 되며, 기억될 것이기 때문에 인생의 여행이자 목적지라는 사실을 기억하자.

가장 단순하게 사는 삶의 실행방법이 무엇일지 생각해 보았다.

스스로 생각하기에 가장 좋은 방법은 멈추고 생각하고 귀 기울이는 것이다. 하던 일을 멈추고 잠시 시간을 내어 자기 자신을 더 소중히 여길 수 있는 방법을 찾는 것이다. 내면의 지혜에 귀 기울이는 것, 그것이 바로 지금 당장 실행할 수 있는 좋은 방법이라고 생각한다.

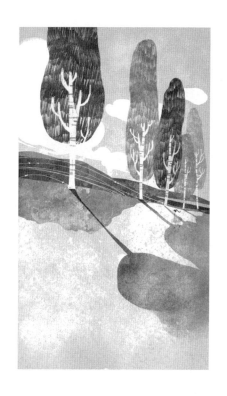

유머감각이 없는 사람은 스프링이 없는 마차와 같다.
길 위의 모든 조약돌에 부딪칠 때마다 삐걱거린다.

– 헨리 와 드 비쳐

유머와 위트를
생활화하는 습관

　유머와 위트는 고도의 지성과 감성이 균형적으로 발달한 성숙한 인격에서 우러나오는 가장 인간적인 삶의 방식이며, 인간관계의 활력소이고 청량제이다.

　유머감각과 위트가 풍부한 사람은 업무를 경직시키지 않고 일의 능률을 높이는 부드러운 카리스마가 있다고 한다. 유머는 설득력의 원천이며, 좋은 인상을 심어주고 엔도르핀을 분비시켜 삶의 활력을 준다. 인도의 수상 간디는 유머감각으로 비폭력 평화시위를 성공적으로 이끈 인물로 유명하다. 그는 "유머는 메마른 인간관계에 청량제 작용을 하는 것"이라고 하였다. 유머는 인생을 즐겁게 만드는 기폭제이며, 웃음이 넘치는 샘물이다.

　행복에 관한 연구에서 유머와 행복 간의 상관관계가 있다고 하였는데 행복한 사람들은 더 많이 웃고, 유머감각이 뛰어나다고 한다. 또 다른 연구에서는 노인가정에서 웃음을 유발하는 노래 부르기가 분노와 우울의 수준을 감소시킨다고 한다.

유머를 연구하는 대부분의 심리학자는 사람이 웃을 수 있는 유머와 위트, 웃음과 행복은 사람에게 기쁨을 주는 행복요소임이 틀림없다고 생각한다.

하버드대의 명강사 탈 벤샤하르 교수는 모든 사람이 행복하려면 우선 행복해야 한다는 강박관념을 버려야 한다고 주장하였다. 또 SNS활동은 외로움의 다른 이름일 뿐 행복해지는 것과는 연관성이 없다고도 주장하였다. 오히려 실제적인 대면관계를 늘리고 혼자 명상하는 시간을 늘리는 것이 행복에 가까워진다는 것이다.

그는 햇빛을 직접 받으면 너무 뜨거운 것처럼 행복을 직접적으로 추구하는 것은 사람을 다치게 할 수 있다고 설명했다. '프리즘을 통해 햇빛을 보면 무지개가 보이듯 다양한 방법을 통해 행복에 도달하는 과정을 즐길 수 있어야 한다.'라는 것이 그의 주장이다.

벤샤하르 교수는 부나 권력관계에 상관없이 누구나 행복을 위해서 실천할 수 있는 방법이 크게 네 가지라고 하였다.

첫째, 사회적 관계를 구축하여야 하며Socializing
둘째, 다른 사람을 돕기Giving
셋째, 내면에 집중하기Focusing
넷째, 수용하기Coping이다.

그는 매년 제일 행복한 나라로 언급되는 덴마크를 예로 들었다. 모든 국민이 소셜 클럽에 소속되어 있다는 것인데 이 소셜 클럽은 단순한 취미 생활부터 전문적인 스포츠 활동까지의 모임이다. 온라인이 아닌 오프라인에서 관계를 맺는 것이 사람을 더 행복하게 만든다는 것이다.

한편, 남을 돕는다는 것은 행복해지는 가장 빠른 지름길이며 하루 10분이라도 명상을 하는 것의 중요성도 강조했다. 명상은 분노와 조바심을 잠재울 수 있다는 것이다. 또 모든 사람은 실패를 통해 더 나은 것을 배운다. 에디슨도 실패가 곧 배움이며, 자신은 평생 실패를 해왔다고 말한다. 앤 하빈슨의 말처럼 좋은 위기는 배울 수 있는 기회를 주기 때문에 그것을 단순히 흘려보내서는 안 된다.

심리학자 데이비드 마이어스는 부와 행복의 관계에 관한 연구를 한 학자이다. 그는 극도의 빈곤으로 기초적인 의식주조차 충족되지 않는 경우를 제외하고는 부와 행복 사이에 상관관계를 찾을 수 없다고 주장했다. 지난 50년 동안 많은 나라의 국민이 더 부유해졌지만 행복 수준은 증가하지 않았고 오히려 줄어들었기 때문이라고 했다.

노벨 경제학상 수상자인 대니얼 카너먼은 몇 년 전부터 행복 연구로 관심을 끌었는데, 그와 그의 동료들은 부와 행복의 상관관계에 대한 근거를 전혀 찾지 못했다. 부의 축적은 더 이상 생존의 수단이 아니라 목적이다. 살기 위해 축적하는 것이 아니라 축적하기 위해 살고 있는 것이다.

로렌스 G. 볼트는 『선과 생존의 기술』에서 이렇게 주장한다. '사회는 우리에게 셀 수 있는 것들이 중요하다고 가르친다. 그러나 주택의 가격은 셀 수 있지만 가정의 행복은 셀 수 없다. 셰익스피어의 『햄릿』은 서점에서 10달러를 주고 살 수는 있지만 그 작품이 우리에게 주는 의미는 측정이 불가능하다.'

우리는 다시 한번 이 말의 의미를 되새겨 볼 필요가 있다.

너 자신을 다스려라.
그러면 천하를 다스릴 것이다.

– 중국 속담

사소한 것에
연연하지 않는 법

리차드 칼슨은 『사소한 일에 목숨을 걸지 마라』라는 저서의 시리즈뿐만 아니라 인생에서 가장 중요한 내용이 담긴 책을 쓴 베스트셀러 작가이다. 그는 '사람들은 행복을 좇느라 바쁘다. 만약 그들이 속도를 늦추고 주위를 돌아본다면, 행복해질 수 있는 기회를 얻게 될 것이다'라고 말한 바가 있다.

누구나 행복해질 수 있다. 하지만 정말 행복해지고 싶다면 억지로 행복해지려고 하지 말아야 한다. 우리는 작은 문제나 근심거리에 집착하면서 자주 마음의 평정심을 잃어버린다. 인생에서 사소한 일에 목숨을 거느라고 많은 힘을 낭비하는 것이다. 이로 인해 자신이 꿈꾸는 마법과도 같은 아름다운 삶과는 완전히 동떨어져 간다.

만약 우리가 행복해지려고 결심한다면, 자기 자신에게 관대해져야 한다. 걱정과 근심은 내버려 두자. 낙천적인 마음으로 미래를 내다봐야 한다. 당신이라면 그런 상황에서 어떻게 대처할지 마음속으로 한번 그려 보라. 대수롭지 않게 넘어가는 대신에 나중에 다른 누군가에게 핏대를 올리며 이야기하지는 않는가? 이렇게 함으로써 우리는 자신의 행복을 지키고, 다른 사람의 문제에 휩쓸리는 실수를 피할 수 있다.

만약 지금부터라도 사소한 일에서 자유로워지기 위해 노력한다면, 놀랍게도 좀 더 강해지고 더욱 친절하고 유연해진 자신을 발견하게 될 것이다.

인생을 살면서 좀 늦었다고 생각하는 것은 거시적으로 보았을 때 '사소한 일'에 불과하다. 사소한 일을 줄이고 중요하지 않은 일에 집중하지 말자.

삶에 불필요한 짐은 벗어던져야 한다. 마음의 짐을 덜어내고 나면 한층 가벼워진 자신을 발견할 것이다. 인내심은 안정을 찾고 수용하는 태도로 인생을 살도록 도와주며, 내면의 평화를 위해서도 꼭 필요하다.

우리는 곧잘 흥분한다. 조금만 더 차분히 들여다본다면 실제로는 그렇게까지 할 일이 아닌데도 그렇다. 낯선 사람이 자신의 승용차 앞에 끼어들려고 할 경우 대부분은 이를 그냥 넘어가지 않는다. 고래고래 욕을 하며 분개하는 것이 당연한 수순이다. 당신이라면 그런 상황에서 어떻게 대처할 것인가? 그 상황은 대수롭지 않게 넘어가더라도 엉뚱한 곳에서 엉뚱한 사람에게 핏대를 올리며 화를 낼지도 모른다. 이런 현상은 비일비재한 일이다. 얼마나 흔하면 속담까지 있다. '종로에서 뺨 맞고 한강에서 눈 흘긴다.'라고 하지 않는가.

우리는 무시해도 좋은 사소한 일로 당황하고 고민하는 경우가 참 많다. 우리들은 기억 속에서 사라져 버릴 불평이나 불만 등을 끌어안고 고민함으로써 귀중한 시간을 허비하고 있다. 일상에는 이와 비슷한, 사소하면서도 짜증나는 일들이 끊임없이 일어난다.

오랫동안 줄을 선다거나 부당한 비난을 듣거나, 꺼리는 일을 하게 된다. 하지만 이런 일은 하루 동안 일어나는 수많은 일 중 아주 작은 부분을 차지한다. 만약 그런 사소한 것들을 신경 쓰지 않는 방법을 깨닫는다면 그에 따른 보상은 매우 크게 나타날 것이다.

많은 사람은 이 방법을 몰라 사소한 것에 끙끙거리며 정력을 낭비한다. 인생의 신비와 아름다움을 완전히 잃어버린 채 살아가기도 한다. 지금부터라도 늦지 않았다. 사소한 일에서 자유로워지기 위해 노력한다면 좀 더 강해지고 친절해진 자신을 발견할 수 있을 것이다. 이렇게 함으로써 우리는 자신의 행복을 지키고, 다른 사람의 문제에 휩쓸리는 실수를 피할 수 있다.

복이란 자신에게 국한되지 않은 다른
무언가를 사랑하는 데에서 싹트는 것이다.

- 윌리엄 조지 조던

식물(반려견)을
길러보기

　식물이나 반려견을 길러 보라니, 이 무슨 뚱딴지같은 소리인가? 그것이 도대체 무슨 도움이 된다는 것인지 아리송할 것이다. 그러나 이들과 함께하면 무조건적으로 사랑하는 법을 배울 수 있다. 바로 이런 무조건적인 사랑을 배우는 것은 정신적으로 풍요로운 삶과 내적 평화에 이르는 한 가지 방법이다.

　어떤 사람은 삶 일부분을 함께 나누며 살아가는 사람들보다 반려동물에게 더 애정을 쏟기도 한다. 하지만 반려동물을 무조건적으로 사랑하기도 쉽지 않은 일이다. 밤중에 짖어서 이웃에게 민폐를 끼치기도 하고 비싼 카페트에 오줌을 쌀지도 모른다. 반려견이 아끼는 신발을 망가뜨렸을 때, 계속 그를 사랑할 수 있을까?

　그런 걱정이 든다면 식물도 나쁘지 않은 선택이다. 식물은 그 자체로 사랑하기 쉽다. 무조건적인 사랑을 실천할 수 있는 훌륭한 기회를 제공하는 것이다. 식물에게 사랑을 쏟고 그것을 돌보는 동안에는 화나 짜증은 나지 않는다. 서두를 필요도 없다. 오롯이 사랑으로 가득 찬 공간 속에서 살게 되는 것이다.

최소한 하루 한 번만이라도 식물을 돌보고 무조건적인 사랑을 베풀어야 한다. 그러면 조만간 식물이 아닌 것들에도 사랑과 친절이 듬뿍 담긴 눈길을 보내게 될 것이다. 무언가를, 혹은 누군가를 사랑하는 것이 얼마나 기분 좋은 일인지 느껴야 한다. 그리고 주위 사람들에게 그런 사랑을 베풀려고 노력해야 한다.

필자는 6년여 전부터 집에서 반려견인 시츄^{이름 초코를} 기르고 있다. 처음에는 아파트에서 번거롭고 비용도 만만치 않을 것으로 짐작하여 탐탁지 않게 여겼으나 아들이 꼭 키우고 싶어 하여 키우게 되었다.

지금은 정이 들어서 없어서는 안 되는 귀염둥이가 되었다.

시츄의 특성을 살펴보면, 첫째는 순하고 애교 많은 성격으로 주인을 잘 따르며 꼬리 흔드는 모습이 너무 예쁘며, 둘째는 털이 길지만 잘 빠지지 않는 것 같다. 숱에 비해 털이 잘 안 빠지고 대신 목욕 후 털 손질을 잘 해주어야 피부병도 안 걸리니 주의하여야 한다. 셋째는 수명은 10~14년 정도라고 한다. 우리 초코는 우리 가족과 함께 더 오래오래 살기 바란다. 넷째는 식욕이 많고 먹성이 좋아 먹을거리에 목을 매는 성격으로 비만견이 되기 쉬워 비만관리를 잘해주어야 한다. 다섯째는 털이 예쁘며 멍한 표정이 좋아 처음 강아지를 키우는 사람에게 아주 좋을 듯하다. 필자에게도 지금은 없어서는 안 될 귀중한 보물이 되었다. 여섯째, 눈이 돌출되어 있고 커서 매력적이지만, 그만큼 염증이나 상처를 조심해야 하며, 또한 눈이 커서 눈병도 조심해야 한다.

지금은 아파트 부부 침실 사이에 끼어서 잠을 잘 자고 있는데, 초코반려견으로 인해 아주 행복한 나날을 보내고 있다.

2016년 5월경에 세상에서 가장 행복한 나라 중 하나인 덴마크와 핀란드를 방문할 기회가 있었다. 세계의 권위 있는 연구기관의 조사결과를 보면 국민이 느끼는 행복지수가 가장 높은 나라는 거의 공통적으로 북유럽 국가들이다. 즉 노르웨이·스웨덴·덴마크 그리고 발트 해 건너의 핀란드이다. 이들 나라의 국민은 90% 이상이 「나는 행복하다」라고 대답한다.

덴마크에서 인상 깊었던 것은 아침저녁 출퇴근 시간에 자전거로 출근하는 것과 버스, 호텔 등을 큰 개가 함께 자유롭게 이용하고 있는 사회환경이었다.

2016년 '11월 생로병사의 비밀'에서 반려견이 인간을 어떻게 치유하는가를 주제로 인간의 건강에 미치는 효과에 관한 내용이 방영되었다. 그 내용을 살펴보면 다음과 같다.

첫째, 반려견이 우리 아이의 뇌를 변화시킨다.

뇌의 활성화를 통해 감정 상태를 알 수 있는 기능성 뇌 자기 공명영상 검사를 통해 반려견과 함께 생활한 청소년의 뇌의 변화를 지켜보았는데, 아이들의 불안과 우울행동은 줄고 정서적인 안정과 사회성이 높아졌다

둘째, 인간과 반려견의 오랜 유대감을 행복호르몬에서 확인할 수 있다.

동물 가운데 유달리 개가 인간과 특별한 유대감을 갖는 이유는 무엇일까 살펴보았는데 인간이 개를 쓰다듬거나 응시할 때 우리의 뇌에서 행복호르몬이라 알려진 옥시토신이 분비된다고 하며, 반려견을 쓰다듬고, 눈을 맞출 때, 혈중 옥시토신 농도가 주인은 300%, 반려견은 130% 상승한다고 한다. 여기서 놀라운 사실은 인간뿐 아니라 개에게서도 옥시토신이 분비된다는 것이다.

셋째, 인간과 개는 행복감을 서로 주고받으며 함께 진화해 온 생명체로, 서울대학교 동물병원과 함께 인간과 교감 전후에 반려견의 옥시토신 분비량을 비교해 보는 실험 결과 놀랍게도 반려견의 옥시토신이 교감 후에 크게 증가한다는 것이 확인됐다.

따라서 반려견과 생활하다 보면 행복 호르몬이라고 불리는 옥시토신이 서로에게 분비되어 인간은 정서적 안정과 우울증 예방, 스트레스 해소에 긍정적인 효과를 얻을 수 있다.

그들이 여전히 자신을 화나게 하고, 심술을 부리고, 달라지지 않는다 하더라도 사랑을 베풀려고 노력해 보라. 곧 그것이 그들을 위한 것이 아님을 알게 될 것이다. 그들을 있는 그대로 사랑한다면 본인 또한 있는 그대로 사랑할 수 있게 될 것이다. 식물과 반려동물은 사랑의 힘이 무엇인지 알려주는 훌륭한 스승이 될 수 있다.

반려견 초코와 공원에서 산책하고 있는 장면 1

반려견 초코와 공원에서 산책하고 있는 장면 2

덴마크 출퇴근 시간의 자전거 풍경 2016. 5

인류의 모든 문제는 사람들이 방 안에 혼자
가만히 앉아 있을 수 없다는 데서 비롯된다.

– 파스칼

명상하는 법

　명상을 하면 믿기 어려울 정도로 놀라운 효과가 있다. 그러므로 행복해지기 위해서 명상에 대해 생각해 보는 것은 바람직한 일이다. 행복해지기 위해 여러 명상 기법을 배우고 정기적으로 명상해 보자.

　필자는 20여 년 전부터 매일 아침 5시경에 일어난다. 일어나자마자 물 한두 잔을 먹고 명상을 한다. 명상을 통한 차분한 마음이 내적 평화의 근원이 된다는 점을 굳게 믿기 때문이다. 이러한 내적 평화는 곧 외적 평화로 이어진다. 반성, 심호흡, 관조, 상상 등 마음을 차분하게 해주는 방법들은 많이 있지만 가장 보편적이며 꾸준히 활용되는 방법은 명상이다.

　하루에 5분이나 10분 동안의 명상만으로도 마음을 차분히 가라앉히는 효과를 얻는다. 명상은 완전한 휴식을 경험하게 해주고 이

행복하면서 성공하라

를 통해 마음의 평온함을 유지하는 법을 가르쳐 준다. 매일 아침 반복적으로 하고 나면 마음이 편안해지고 긍정적으로 변화한다.

그런 마음의 평화는 일상생활에 많은 영향을 주어 우리를 덜 예민하고 덜 짜증스러운 사람으로 만들어 준다. 골치 아픈 일도 사소한 일로 보게 해주는 여유로움을 선사한다.

마음이 평화로운 사람은 매일 짧게 혼자만의 조용한 시간을 가지는 사람이 많다. 그것이 명상이든 요가든, 홀로 보내는 조용한 시간은 인생에 없어서는 안 될 부분이다. 그런 사람들은 나머지 하루도 수월하게 지나가는 것처럼 느껴진다.

요가나 명상이란 신비로운 것으로 인식되고 있는데 우라코 이론
수많은 실천가가 실제 체험에 의하여 확실하게 뒷받침된 이론에 의하면 매우 이치에 맞는 것으로 당신에게 풍요로운 힘을 주어 마음을 넉넉하고 여유 있게 해준다.

마음을 비우는 것이 모든 명상의 기본이다.

"마음을 느긋하고 여유롭게 하면 모든 것은 뜻대로 된다." 참고로 요가는 명상의 일종이라고 생각해도 된다.

명상의 기본은 심호흡이며, 마음을 비우는 것이다. 느긋하게 아주 느긋하게 시간을 들여 심호흡함으로써 호흡과 맥박을 고르는 것부터 시작한다.

명상하는 방법은 의자에 앉아서, 따뜻하고 기분 좋은 욕조에 몸을 담그고, 담요 등을 깔아놓은 침대 위나 거실 위에 누워서 하는 등 편안한 자세라면 어떤 것도 괜찮다. 좌선자세도 좋지만 어떤 자

세든 좋을 대로 편안하게 눈을 감고 심호흡을 하면 되는 것이다.

명상은 호흡과 맥을 편안하게 진정시켜준다.

호흡과 맥이 안정되면 이미지로 들어간다. 먼저 자기 손발, 목, 어깨, 등, 배, 양다리를 이미지 속에서 어루만져주고, 이미지의 손으로 차례차례 더듬어 가는 모습을 생각하고 자기 손으로 자기 몸의 각 부분을 돌봐주는 느낌이 되면, 몸의 각 부분의 힘이 빠지고 몸 전체가 기분 좋게 따뜻해지는 것 알 수 있게 된다. 그렇게 되면 훌륭한 명상이 되는 것이다.

효과가 나타나는 것은 당신이 우주 속에서 감싸이고 사랑받고 있다는 것, 우주나 대지로부터 받은 에너지가 충만하게 채워져 실감나는 순간을 느끼는 것으로 알 수 있다. 꿈을 이미지화하는데 명상만큼 좋은 것은 없다.

명상은 조용한 환경 속에서 혼자 하는데, 일단 눈을 감고 호흡에 주의를 집중해야 한다. 잡념이 조금이라도 머릿속에 들어오면 그것들을 부드럽게 밖으로 밀어내고, 주의를 다시 호흡에 집중시켜야 한다. 이것을 반복하다 보면 머릿속의 산만한 생각들이 부드럽게 나타나는 것이 느껴진다. 그러면 호흡에 주의를 기울이는 훈련이 결코 쉬운 일이 아니라는 것도 알게 될 것이다.

마음을 차분히 가라앉히려고 하는 순간에 잡념들이 머릿속을 가득 채울 것이다. 마음을 다스릴 수 있는 명상가가 되려면 끈기 있게 매일 연습해야 한다. 실망하거나 쉽게 단념하지 않고 매일 몇 분씩 명상훈련을 한다면, 얼마 후 대단히 만족할 만한 결과를 얻게 될 것이다.

우리는 이 세상에서 위대한 일을 할 수는 없다.
단지 위대한 사랑을 갖고 작은 일들을
할 수 있을 뿐이다.

– 마더 테레사

봉사를
생활화하자

    친절하고 사랑이 넘치는 사람이 되기 위해서는 마땅히 그에 따른 행동을 해야 할 것이다. 하지만 이를 위한 특별한 방법이 마련돼 있는 것은 아니다. 진정으로 친절하고 너그러운 행동은 대부분 아주 자연스럽게 이루어진다. 마음속에 녹아 있던 봉사와 친절의 정신이 자연스럽게 실천으로 옮겨지는 것이다.

    봉사할 기회는 주변에 널려있다. 필자의 경우, 일상적으로 봉사할 방법은 지하철에서 노약자에게 자리를 양보하거나 길을 건너는 어린아이를 지켜봐 주고, 복지단체에서 봉사활동을 하고, 자선단체에 기부하고, 도로의 쓰레기를 줍는 등이 있다. 그다지 큰 수고는 필요로 하지 않는다.

    특히 필자의 근무처인 강남수도사업소는 나눔과 봉사활동의 일환으로 직원들이 자발적으로 참여하여 매월 첫째 주 화요일에 지속적, 주기적으로 아동복지시설강남 드림빌을 방문하여 주방 청소 및 건물 주변 환경정리, 식사 재료 손질 등 사전정비, 모포 세탁정리 등 봉사활동을 하고 있다.

어떤 일이 되었든, 사소해 보일지라도 그것에 조금이라도 봉사하고자 하는 마음과 정성이 들어갔다면 나눔의 기쁨을 느낄 수 있다. 이 세상을 좀 더 밝은 곳으로 만드는 데 일조했다는 사실은 변함이 없다. 세상은 그런 작은 실천을 통해 더 살만한 곳으로 바뀌는 것이다.

진정한 봉사를 하기에 앞서 가장 중요한 것은 그것이 일회성에 그치지 말아야 한다는 점이다. 단 한 번의 수고만으로 끝나는 봉사는 없다. 다시 말해 봉사하는 삶은 평생 계속되는 과정으로 인생에 대한 일종의 가치관이 반영된 행동이다. 최고로 효과적이고 좋은 봉사는 의외로 간단하다. 집 안의 청소를 돕거나, 분리수거를 하는 일, 요양원에서 어른들의 소소한 말동무가 되는 것 등 약간의 시간과 에너지를 쏟는 것이다. 이 방법은 일상 속에서 작고 조용한 것이지만 이것이 쌓이면 큰 성과가 나타난다.

'베푸는 것 그 자체가 보상이다'라는 옛말이 있다. 베푸는 것은 다른 사람을 돕는 것일 뿐만 아니라. 베풀고 있는 자기 자신에게도 커다란 힘이 된다. 우리는 뭔가를 주는 동시에 받기도 한다. 우리가 받는 것은 주는 것과 비례한다. 자신만의 방식으로 좀 더 자유롭게 남에게 봉사한다면 이것으로 삶에서 큰 행복을 느낄 수 있을 것이다. 나아가 생각지도 못했던 마음의 평화가 찾아온다. 이런 행동은 주

변 사람들 모두에게 이익이 되는 행동일 뿐만 아니라 누구보다도
자기 자신에게 커다란 기쁨을 가져다준다.

강남 드림빌 봉사활동을 마치고 2017.7

다른 사람들을 비난하려고 생각하기 전에
자기 자신을 충분히 살펴보아야 한다.

– 몰리에르

입장 바꿔
생각해 보기

　누군가와 언쟁을 벌이다 보면 도저히 상대방의 의견에 동의할 수 없다는 생각이 들곤 한다. 그럴 때 한 번쯤 자신이 확고한 만큼이나 상대방 또한 자신의 주장이 확고하다는 점을 상기하는 자세가 필요하다.

　우리는 항상 자신의 입장만을 생각하고 그것이 유일한 옳은 주장이라고 생각한다. 또 상대방의 관점에서 생각하는 것이 대단히 자존심 상하는 일이라고 생각한다. 하지만 막상 상대방의 입장에서 생각하는 것은 스스로에게 어떤 상처도 주지 않는다. 오히려 반대 의견을 가진 사람과 더 가까워지고 대화할 수 있는 실마리가 제공된다.

　반대를 위한 반대처럼 무작정 거부하기보다는 그 의견으로부터 어떤 새로운 것을 배울 수 있는지를 따져 보아야 한다. 왜 그렇게 생각하느냐고 물어본 뒤 그 논리가 받아들일 수 있는 것이라면, 우리는 새로운 것을 배우는 것이다. 계속해서 자신의 입장을 옹호하고 변명하는 것은 많은 에너지를 소비한다.

반면에 상대방이 옳다고 생각하게 내버려 두는 일에는 전혀 힘이 들지 않는다. 그것은 서로의 기운을 북돋워 준다. 다른 입장과 관점을 이해하려는 노력은 앞서 말했듯이 새로운 것을 배울 수 있고 그것은 자신의 사고를 넓히는 기회가 된다. 침을 튀겨 가며 자신의 생각을 강요하고 말을 끊는 것보다 상대방에게 귀 기울이는 것이 더 존중받는 길이다.

또, 상대방에게 유연한 태도로 다가가면 상대방도 유연하게 다가올 것이며 서로 온화하고 평화로운 대화를 할 수 있게 된다. 당장 변화하기는 어렵겠지만 먼저 이해하고 노력하게 되면 자신만이 옳아야 한다는 욕심이 사라지고 상대방을 존중하게 된다.

역지사지의 이점은 상대방 역시 경청과 노력의 자세를 보인다는 점이다. 먼저 내가 손을 내밀고 상대의 얘기에 귀를 기울이면 양측 모두가 완고하게 등 돌리는 사태를 막을 수 있다.

《 행복 요약 》

○ 빅토르 위고는 "인생에 있어서 최고의 행복은 우리가 사랑받고 있다는 확신이다."라고 하였고 심리학자이며 철학자인 윌리엄 제임스는 "행복해서 노래하는 게 아니라 노래하기 때문에 행복해지는 것이다."라고 하였으며 티베트 망명정부 지도자 달라이 라마는 "당신의 마음이 고요하고 평화로울수록 행복하고 즐거운 삶을 누릴 가능성은 더욱 커진다."라고 하였고 1921년 노벨문학상 수상자이자 프랑스의 소설가인 아나톨 프랑스는 "이 세상에서 참다운 행복은 남에게서 받는 것이 아니고, 내가 남에게 주는 것이다."라고 하였으며 랄프 트라인은 "행복은 내 마음속에 있다. 행복은 자기 안에서 찾아야 하는 것이다."라고 하였다.

○ 행복은 자기 자신의 마음속에 존재하며 지극히 주관적이라는 말과 같다. 목표하는 바를 성취한 상태를 말하는 성공과 비슷하다. 분명한 것은 성공한 사람이 모두 행복한 것은 아니며 행복한 사람이 모두 성공한 것도 아니다.

○ 행복의 구성요소에서 행복을 위한 세 가지 조건을 꼽으라면 첫째로 감사하는 마음, 둘째는 희망 또는 긍정적 정서, 셋째로 경제적인 여건을 꼽을 수 있다.

○ 행복의 본질로서 아리스토텔레스가 '인간의 궁극적 목적은 행복에 있다'라고 말한 만큼 행복과 불행의 관계는 동전의 양면과 같다.

○ 행복은 상대적이고 주관적인 성질이다.

〈 행복해지는 원칙 〉

○ '작은 것에서 만족하지 못하는 사람은 그 어떤 것에도 만족하지 않는다.'는 그리스철학자 에피쿠로스 명언이 있다.

○ 미국의 16대 대통령 아브라함 링컨은 "누구든 행복해지려고 결심한 만큼 행복해질 수 있다."라고 하였다.

○ 러셀은 '좋아하는 일이야말로 행복의 원천이다'라고 말했다.

○ 의학의 아버지 히포크라테스는 "돈을 잃는 것은 조금 잃는 것이요, 명예를 잃는 것은 많이 잃는 것이요, 건강을 잃는 것은 전부를 잃는 것이다."라는 말로 건강의 중요성을 강조했다.

○ 공자는 '행복하고 지혜롭게 살기 위해서는 끊임없이 변화해야 한다'라고 말했다

○ 행복해지기 위해서는 자기 자신부터 진심으로 사랑해야 한다. '나'는 세상에서 유일무이한 존재이다.

○ 진정한 힘은 마음을 비울 때 나온다.

○ 웰빙의 5가지 구조의 삶은 1. 즐거운 삶 2. 몰입하는 삶 3. 좋은 삶 4. 의미와 보람 있는 삶 5. 만족스러운 삶이다.

〈 인생을 즐기는 법 〉

ㅇ 느림의 삶이란 자신이 옳은 방향으로 가고 있는지 확인해 보는 시간을 가지겠다는 의미이다.

ㅇ 삶을 건강하고 행복한 마음가짐으로 창조하는 핵심은 "한마디로 감사하는 마음으로 사는 법"이다.

ㅇ 한 번이라도 경험해 보지 않은 일을 해 보는 것은 발전에 아주 큰 도움이 된다.

ㅇ 목사이자 저널리스트인 베르너 티키 퀴스텐마허는 저서 『단순하게 살아라』에서 단순하게 사는 것이 얼마나 중요한 것인지 강조했다.

ㅇ 유머와 위트는 고도의 지성과 감성이 균형적으로 발달한 성숙한 인격에서 우러나오는 가장 인간적인 삶의 방식이며, 인간관계의 활력소이고 청량제이다.

ㅇ 리차드 칼슨은 『사소한 일에 목숨을 걸지 마라』라는 저서에서 '사람들은 행복을 좇느라 바쁘다. 만약 그들이 속도를 늦추고 주위를 돌아본다면, 행복해질 수 있는 기회를 얻게 될 것이다'라고 말한 바가 있다.

ㅇ 반려견과 생활하다 보면 행복 호르몬이라고 불리우는 옥시토신이 분비되어 인간에게 건강 등 정서적 안정과 우울증 예방, 스트레스 해소에 긍정의 효과를 얻는다.

ㅇ 명상의 기본은 심호흡이며, 마음을 비우는 것이다. 느긋하게 아주 느긋하게 시간을 들여 심호흡함으로써 호흡과 맥박을 고르는 것부터 시작한다.

ㅇ '베푸는 것 그 자체가 보상이다'라는 옛말이 있다. 베푸는 것은 다른 사람을 돕는 것일 뿐만 아니라, 베풀고 있는 자기 자신에게도 커다란 힘이 된다.

ㅇ 상대방에게 유연한 태도로 다가가면 상대방도 유연하게 다가올 것이며 서로 온화하고 평화로운 대화를 할 수 있게 된다.

맺는말

필자는 군대 제대 후 83년 1월 1일부터 충주시 공무원을 시작으로 교정직 공무원인 서울구치소를 거쳐 85년 9월부터 서울시 공무원으로 근무했다. 종로구청, 구로구청, 상수도사업본부 및 산하 사업소, 서울시청 복지본부 등을 거쳐 가며 근무하였고 주경야독으로 학사와 석·박사학위를 마쳤다.

34년 동안 공무원 생활을 하면서 성공하기 위해 열심히 일했지만 가끔 정말 성공이란 무엇인지 고민이 많았다. 승진하여 고위 공무원이 되던가, 재테크를 잘해 재산이 많던가, 사람들이 생각하는 성공한 공무원의 모습을 그렸다. 필자는 그런 유형에 속하는 공무원은 아니었다. 그렇다면 실패한 인생일까?

그렇지 않다고 생각한다. 성공이란 단순히 돈을 많이 벌거나, 유명해지고 원하는 것만을 얻는 것이 아니다. 그것은 경제적인 부분에서 아주 좁은 의미를 가진 성공일 뿐이다. 인생에서 진짜 성공은 일과 더불어 다양한 삶의 가치들이 균형 잡혀 있을 때 가능하다고 생각한다.

필자도 사람들이 일반적으로 생각하는 큰 성공은 못 하였지만, 성공하는 사람들의 특징과 습관을 살펴보면서 20대에서 60살까지는 성공의 길에 매진하였으면 어땠을까 하는 생각을 하곤 한다. 인생 이모작 시대이니 60대 이후로는 어떻게 하면 행복한 삶을 영위할 수 있는가를 고민하며 살아가고자 한다.

행복이란 누구나 태어나면서부터 원하는 인생의 궁극적인 목표라고 할 수 있다. 하지만 행복은 정의하기 힘들고 측정하기 애매한 부분이 많이 있다. 그래서 주관적 안녕감, 행복감, 삶의 질 등의 용어로 바꿔서 사용하는 경우도 많다. 그렇게 하면 어느 정도 측정이 가능해지기 때문이다.

행복의 토대는 삶에 대한 나의 마음가짐에서 시작되며, 마음먹기에 따라 행복해지기도 하고, 불행해지기도 한다. 행복이나 불행을 느끼는 데에는 나의 생각이 중요하지 지금 처한 환경이 미치는 영향은 매우 미미하다. 그래서 감사하는 마음이야말로 풍요로운 행복의 씨앗이다.

행복은 긍정적 감정에서 비롯된다. 행복은 언제 어디서나 이룰 수 있는 하나의 선택에 불과하다. 우리는 행복을 추구한다. 그래서 우리는 행복을 원하고, 깨어있는 동안 이 목표를 이루기 위해서 노력하며 살아간다.

시각장애인이면서 위대한 작가였던 밀튼은 '보지 못한다고 해서 불행한 것은 아니다. 불행은 보지 못하는 것을 참지 못하는 것이다.'라고 말했다. 동시에 재산, 건강, 명예, 권력 또한 행복의 보증 수표가 될 수는 없다.

프랑스 제국의 황제이자 당시 세계에서 가장 강한 권력을 가졌던 나폴레옹에게 어떤 사람이 '행복한 인생을 살았는가?'라고 물었다. 그는 '내가 기억할 수 있는 범위에서 행복했던 날은 6일을 넘지 않네.'라고 대답했다. 행복은 권력이나 명예와 함께 오는 것이 아님을 다시 한번 확인할 수 있는 대목이다.

행복은 외적으로 드러난 모든 것을 새롭게 인식할 수 있도록 하는 내면적 힘의 산물이다. 이 책에서는 행복한 삶을 살기 위한, 또는 인생을 즐기기 위한 실제적인 방법을 제시해 보았다.

처음엔 다소 실천하기 어려울 수도 있다. 하지만 한 번 자신의 것으로 만들어 놓으면 내면의 의식이나 행복을 찾으러 떠나는 여정이 좀 더 쉬워질 것이다.

만약 우리가 그 방법들을 내면의 의식 안으로 받아들이고 행동으로 옮긴다면, 인생을 변화시켜 주는 그 위대한 힘에 놀라게 될 것이다. 이 책에 담긴 지혜를 삶의 한 부분이 되게 해야 한다. 결국은, '행복하면서 성공하라!'는 말로 줄일 수 있다.

행복하게 사는 것, 이것이야말로 인간존재의 의미이다. 물욕, 명예욕에 젖어 소중한 마음을 소홀히 한다면 불행한 삶이 될 수밖에 없다. '저것만 갖추면 행복할 거야'라고 생각하면 행복은 항상 그만큼 먼 곳에 있다고 한다.

욕심 내려놓기, 집착 버리기 같은 것들이 쉽지는 않겠지만 마음을 다잡아야 한다. 마음 가는 일에 열정을 쏟아붓고, 자신의 색깔대로 설레면서 살아보는 것이 진정한 노년의 행복으로 안내할 것이다.

인생 후반기에는 '배고픈' 것보다 '일 고픈' 것이 더 큰 문제라고 한다. 진정 자기가 하고 싶은 일을 하면서 거기서 삶의 의미를 찾아야 한다. 물질보다는 정신적 가치가 노년에 어울리는 소품이기 때문이다. 그러므로 인생 후반기에는 지갑에 돈을 채우는 것보다는 마음속에 지혜를 채우는 데 더 신경을 써야 한다. 그것이 행복을 찾는 길이다.

사람 사이의 다툼은 행복을 방해한다. 특히 서로 득을 보겠다고 경쟁하는 마음이 다툼의 원인이다. 짠물은 마실수록 목이 마르듯이 경쟁은 할수록 더 치열해진다. 돈도 마찬가지이다. 벌면 벌수록 더 벌고 싶은 게 인간의 마음이다. 한 번 다투어 이기면 또 다투어야 할 거리가 생긴다. 은퇴 후 노년까지 계속 이런 삶을 살아야 할 이유는 없지 않은가? 지금부터라도 진정한 삶의 의미를 생각하며, 지나친 물욕이나 나의 생각만 옳다는 사고는 바뀌어야 한다.

독자 모두가 사고의 전환과 진정한 행복 찾기로 새로운 성공을 일구어내길 바란다.

참고 도서

- 문병용. 2009. 『오바마의 설득법』. 길벗.

- 박보식. 2017. 『리더십』. 대영문화사.

- 박보식. 2015. 『지적 대화를 위한 품격의 스피치』. 대영출판사.

- 송길원. 2008. 『송길원의 행복 통조림』. 물푸레.

- 송양민, 우재룡. 2014. 『100세 시대 은퇴 대사전』. 21세기북스.

- 신동국. 2016. 『하고 싶다 명강의 되고 싶다 명강사』. 끌리는책.

- 이종선. 2012. 『성공이 행복인줄 알았다』. 갤리온.

- 이종선. 2011. 『따뜻한 카리스마』. 갤리온.

- 이창호. 2009. 『칭찬의 힘』. 해피&북스.

- 전도근, 이광재, 박성교. 2008. 『리더를 키우는 긍정의 힘』. 해피&북스.

- 전성철, 최철규. 2009. 『협상의 10계명』. 웅진윙스.

- 정인순. 2002. 『한달 후에 보자(4주일작전)』. 경향미디어.

- 조영탁, 정향숙. 2007. 『행복경영』. 김영사.

- 가나모리 우라코. 2002. 『참으로 마음이 행복해지는 책』. 정은영 옮김. 주변인의길.

- 데일 카네기. 2004. 『카네기 행복론』. 최염순 옮김. 씨앗을뿌리는사람.

- 로버트 콜리어. 2008. 『나를 부자로 만드는 생각』. 박봉호 옮김. 느낌이있는책.

- 로버트 앤서니. 2010. 『나를 믿는 긍정의 힘 자신감』. 이호선 옮김. 청림출판.

- 리처드 칼슨. 2003. 『우리는 사소한 것에 목숨을 건다 1』. 정영문 옮김. 창작시대

- 마틴 셀리그만. 2014. 『긍정 심리학』. 김인자, 우문식 옮김. 도서출판 물푸레.

- 몽테뉴. 2014. 『몰입하는 삶의 즐거움』. 김영후 옮김. 리더북스.

- 비카스 말카니. 2013. 『마음을 울리는 행복 두드림』. 동방의빛 옮김. 도서출판 동방의빛.

- 스펜서존슨. 2006. 『행복』. 안진환 옮김. 비즈니스북스.

- 아나 야스오. 2000. 『성공을 위한 9가지 습관』. 이경민 옮김. 매일출판.

- 애덤 잭슨. 2009. 『행복의 비밀』. 장연 옮김. 씽크뱅크.

- 에릭 J. 아론슨. 2013. 『대시하라(단 한 번뿐인 인생을 위하여)』. 노혜숙 옮김. 이콘.

- 에밀 쿠에. 2008. 『자기암시』. 최준서, 김수빈. 하늘아래.

- 인디나인, 2008, 『말 잘하는 50가지 방법』, 대인출판사

- 조지 베일런트. 2011. 『행복의 완성』. 김한영 옮김. 흐름출판.

- 코이케 류노스케. 2011. 『버리고 사는 연습』. 유윤한 옮김. 21세기북스.

- 캐서린 폰더. 2003. 『부의 법칙』. 남문희 옮김. 국일미디어.

- 탈 벤 샤하르. 2007. 『해피어(하버드대 행복학 강의)』. 노혜숙 옮김. 위즈덤하우스.

- 찰스 C. 만즈. 2003. 『긍정적으로 생각하라』. 이경재 옮김. 예문.

- C.M 브리스톨. 2002. 『신념의 마력』. 윤성 옮김. 매일출판.

- David J. Schwartz. 1999. 『크게 생각할수록 크게 이룬다』, 아름다운사회.

- Stuart Goldsmith. 2005. 『미다스 메소드』. 양성찬 옮김. 매일경제신문사.

- 좋은글 - 나에게 거는 주문 7가지.

- 좋은생각 - 좋은생각 행복한 모습으로.

- 국제스피치언어학원 speech21.co.kr

- 네이버 등 인터넷, 신문기사 발췌, 해피캠퍼스 자료 참조

| 권선복
도서출판 행복에너지 대표이사

행복한 성공의 행진으로 모든 국민들에게
행복과 긍정의 에너지가 팡팡팡 샘솟으시기를 기원드립니다!

　우리는 성공한 삶을 목표로 끊임없이 노력하며 살아갑니다. 하지만 그 성공의 끝에 무엇이 있는지는 아무도 모릅니다. 가끔은 왜 성공을 하고 싶은지에 대한 어떤 목표조차 없는 사람이 있기도 합니다. 성공만이 만능이 되고 성공만이 모든 것을 준다는 생각이 지배하는 세상에서 성공에 대한 조언은 수없이 많습니다. 하지만 어떻게 성공해야 하고 성공을 통해 무엇을 얻어야 하는지 구체적으로 제시하는 사람은 드뭅니다. 어쩌면 우리는 성공이라는 것에 대해 아무것도 모르고 있을지도 모릅니다.

책 『행복하면서 성공하라』는 성공에 대해 조곤조곤 설명해줍니다. 저자는 성공과 행복을 나누어 설명하지만 그 모든 것은 하나로 융합됩니다. 행복하면서 성공해야 하며, 행복하기 위해 성공해야 한다는 것으로 귀결됩니다. 성공의 정의와 기준을 설명하는 것으로 시작하여 성공한 삶을 살기 위한 기본 요소를 나열하는 것으로 시작하는 글은 성공하는 사람들의 습관과 특징에 대한 분석으로 이어집니다. 그리고는 행복의 정의와 기준, 행복한 삶을 위한 원칙과 웰빙의 5가지 구조의 삶, 인생을 즐기는 마음가짐과 생활습관에 대해 말합니다. 그 후 마지막으로 성공하고 행복해하는 사람들의 지혜를 저자 나름대로 분석하여 그 정수를 우리에게 건넵니다. 저자가 안내하는 행복과 성공의 안내를 따라가다 보면 누구나 성공에 대한 막연한 감정이 구체화되고 그 끝에서 행복을 찾기 위한 노력을 하게 될 것입니다.

34년에 달하는 공직자로서의 삶, 그 속에서 수없이 고뇌하고 연구하여 마침내 그 정수를 모은 성공과 행복의 방정식, 그것이 바로 강남수도사업소에 근무 중인 저자가 독자들에게 소중히 건네는 결과물입니다. 아무런 목적의식도 없이 그저 성공만을 부르짖는 사회에 이토록 빛나는 글을 써주신 안정기 저자에게 큰 응원의 박수를 보냅니다. 저자의 선한 기운이 이 책을 읽는 분들의 삶에 널리 퍼져 모든 분들의 삶에 행복과 긍정의 에너지가 팡팡팡 샘솟으시기를 기원드립니다.

작은 천국 나의 아이들

정명수 지음 | 값 25,000원

이 책 『작은 천국 나의 아이들』은 30여 년간 아이 사랑의 한길만을 걸어온 지성유치원 정명수 원장의 행보를 통해 초등학교 취학 이전의 어린 아동들을 가르치는 교육자가 어떠한 소명 의식을 가지고 맡겨진 길을 걸어야 하는지 우리에게 이야기해 준다. 결코 쉽지 않은 아동 교육의 현장에서 굳건한 신앙이 가져다준 소명의식과 아이들에 대한 사랑의 마음을 통해 희생과 봉사, 책임감을 갖고 살아가는 한 교육자의 인생을 읽을 수 있다.

맛있는 호주 동남부 여행

이경서 지음 | 값 15,000원

책 『맛있는 호주 동남부 여행』은 『맛있는 삶의 레시피』의 저자 이경서가 전하는 새로운 맛있는 여행 이야기이다. 작은아들 내외가 살고 있는 시드니, 그리고 시드니를 거점으로 하여 대중교통을 이용하는 그의 여행은 일반적인 여행사의 여행으로는 경험할 수 없는 색다른 즐거움을 선사한다. 그저 구경만 하는 여행이 아니라, 마치 신대륙을 모험하듯 여행하는 그의 여행기는 도전적인 여행을 꿈꾸는 모든 이들에게 훌륭한 안내서가 될 것이다.

학교를 가꾸는 사람들

김기찬 지음 | 값 15,000원

책 『학교를 가꾸는 사람들』은 30여 년의 교사 생활, 그리고 12년간 서령고등학교의 교장을 역임한 저자의 교육 기록이다. 저자는 교사로부터 시작해 학생을 위한, 학생에 의한 학교를 만들고, 학생과 교사뿐만이 아닌 학부모와 졸업생, 지역 인사에 이르는 폭넓은 교육 협업으로 진정한 교육의 장을 일구어낸다. 그가 기록한 충남 서산에 위치한 전국 명문고, 서령고등학교의 역사는 대한민국 교육의 새로운 빛이 될 것이다.

오색 마음 소통

이성동 지음 | 값 15,000원

책 『오색 마음 소통』은 바로 그에 대한 해답을 알려준다. '소통은 말과 글로만 하는 것이 아니다. 마음으로 하는 것이다!'라는 책의 부제에서 알 수 있듯이, 우리가 그간 소통에 실패한 이유가 바로 '마음'이 아닌 말과 글로 소통을 하려 했기 때문이라고 말한다. 말과 글은 소통을 하는 수단으로써만 쓰여야 할 뿐, 주(主)가 되어야 하는 것은 바로 '마음'이라는 것이다. 이 책은 소통의 어려움에 부닥친 사람들을 위해 친절히 소통의 과정을 안내하고 있다.

나의 행동이 곧 나의 운명이다

김현숙 지음 | 값 15,000원

책 『나의 행동이 곧 나의 운명이다』는 과거 여성의 권위가 제대로 인정받지 못하던 시절부터 수많은 역경을 극복한 ㈜경신 김현숙 회장의 이야기를 담고 있다. 망설이지 않고 행동으로 실천하며 도전정신을 잃지 않아 해낼 수 있었던 많은 일들을 소개하면서 '행동'의 중요성을 강조하고 있다. 하나의 기업을 경영해 온 경영자로서의 자세와 비전, 또 패러다임을 제시하며 다른 여성 CEO와 치열하게 살아가는 청년들에게 희망의 메시지를 전한다.

인생 2막까지 멋지게 사는 기술 재미

박인옥, 최미애 지음 | 값 15,000원

책 『인생 2막까지 멋지게 사는 기술 재미』는 잃어버린 웃음을 찾게 해 주는 유쾌한 책이다. 웃음과 유머를 통한 강의로 사람들에게 행복을 전하는 두 명의 저자가 만나 엮은 이 책은 평상시에도 잘 활용할 수 있는 여러 가지 유머 팁을 소개한다. 남들과 진정한 소통을 하고 마음의 문을 열기 위해서 '재미'와 '즐거움'이 꼭 필요하다고 강조하며, 바로 유머를 통해 그것이 가능하다고 보았다. 이 책은 우리의 삶에서 웃음이 가지는 의미를 다시 한번 더 되돌아보게 한다.

아, 민생이여

김인산 지음 | 값 15,000원

책 『아, 민생이여』는 도탄에 빠진 민생을 살리는 가장 원론적인 정책의 기본과 민생이 원하는 것이 어떤 것인지를 말한다. 정부가 바뀌고 새로운 정권이 들어서도 여전히 어렵다고만 말하는 민생, 그 민생이 더 위험해지기 전에 살릴 수 있는 길에 대해 저자는 누구나 생각해 봄 직한, 그러나 누구도 쉽게 다른 사람들에게 말할 수 없던 이야기를 풀어낸다. 그의 정책제언은 위기의 대한민국을 구제할 길잡이가 되어줄 것이다.

임진왜란과 거북선

민계식, 이원식, 이강복 지음 | 값 15,000원

책 『임진왜란과 거북선』은 조선 수군의 신형 전선 거북선을 집중 조명한다. 민계식 전 현대중공업 대표이사 회장과 이원식 원인고대선박연구소 소장, 이강복 알라딘기술㈜ 대표이사가 머리를 맞대어 거북선의 실체를 밝히기 위해 역사적 자료들을 모아 현대적 연구를 통해 임진왜란 당시 활약했던 거북선의 실체를 정리해 본 것이다. 앞으로 원형에 가까운 거북선을 복원할 수 있는 이정표를 남기게 된 것에 큰 의의가 있다.

핸드폰 하나로 책과 글쓰기 도전

가재산, 장동익 지음 | 값 20,000원

『핸드폰 하나로 책과 글쓰기 도전』은 책 한 권을 펴내는 데 있어 소요되는 비용과 시간을 획기적으로 절약해 줄 수 있는 노하우를 소개하고 있는 책이다. 요즘을 살아가는 현대인이라면 누구나 가지고 있을 '핸드폰'이라는 친숙한 기기를 통해 다양한 무료 어플리케이션으로 한 권의 책을 만드는 과정을 세세히 설명하고 있다. 누구나 스마트폰을 가지고 있는 요즘, 핸드폰 하나로 책을 쓸 수 있다는 점을 강조하여 자신만의 글쓰기를 망설이는 이들에게 '자신감'을 먼저 불어넣고자 했다.

맹따주기 응급처치

이수맹 지음 | 값 15,000원

이 책 『맹따주기 응급처치』는 우리 신체에 일어날 수 있는 다양한 이상증상에 대한 응급처치인 '맹따주기'를 자세히 설명하며 누구나 맹따주기를 통해 몸의 증상을 쉽고 빠르게 치유할 수 있도록 돕는다. 어릴 적 급체했을 때 어머니께서 으레 해주시던 '손 따주기'와도 맥을 같이하는 '맹따주기'는 우리 민족 고유의 민간요법과 한의학적 이론을 융합하여 누구나 배우기 쉽고 사용하기 쉬운 응급처치법으로 유용하게 활용할 수 있을 것이다.

여성과 평화

박정진 지음 | 값 15,000원

이 책 『여성과 평화』는 가부장-권력-전쟁-국가로 대표되는 남성중심의 문명이 어머니-사랑-평화-가정으로 대표되는 여성중심의 문명으로 변화하는 것만이 인류 존속의 위기를 종식할 수 있다고 말한다. 저자는 이를 통해 대립, 갈등, 경쟁보다는 공존과 사랑, 평화가 함께하는 세계를 추구하며 이러한 평화세계의 완성을 위해서 현존하는 그 어떤 철학과 종교보다도 여성중심적인 통일사상, 두익(頭翼)사상의 연구와 전파가 절실히 필요하다는 점을 강조하고 있다.

왜, 바나나는 어깨동무를 하고 있을까요?

서명진 지음 | 값 15,000원

책 『왜, 바나나는 어깨동무를 하고 있을까요?』는 때로는 동시와 같은 순수함으로, 때로는 성숙하고 아련한 어른의 언어로 시를 그려낸다. 함께 실린 삽화는 자연스럽게 시와 어우러져 독자를 빠져들게 한다. 시인 서명진의 기억으로 초대받아 시를 읽음으로써 기억의 퍼즐 조각을 하나하나 맞추다 보면 시인의 바람대로 시 한 줄, 시 한 편이 마음의 서재에 꽂혀있게 될 것이다.

나는 코미디언이다

서인석 지음 | 값 15,000원

'탄핵국면'에서 '장미대선'까지! 우리 사회에 큰 변혁이 일어났던 시기에 발표했던 풍자 칼럼을 모아 엮은 책 『나는 코미디언이다』는 30년 차 코미디언 서인석이 그동안 쌓은 유머의 내공을 아낌없이 풀어내 통쾌한 웃음을 선사한다. 권위주의 탈피 지향, 아래에서 위로 향하는 풍자의 향연. 언더독의 반란으로 보이는 그의 코미디는 사실 아래에서 더 아래를 바라보는 따뜻한 시선을 품고 있기에 오히려 여유로움과 따뜻함을 품고 있다.

아파트, 신뢰를 담다

유나연지음 | 값 15,000원

이 책은 '신뢰 경영'을 통해 한 아파트를 17년째 책임지고 있는 아파트관리사무소장의 가슴 따뜻한 이야기를 진솔하게 풀어내고 있다. 저자는 '진정성', '역량', '공감', '존중', '원칙'이라는 여섯 개의 키워드를 바탕으로 500세대 아파트를 믿음과 신뢰로 이끌어온 과정을 생생하게 그려낸다. 이 과정에서 '아파트'라는 하나의 공동체 문화를 만드는 데 있어 '신뢰'라는 키워드가 가장 중요하게 작용하였다고 말한다. 또한 저자는 "사람이 답이다"라는 진리를 새기고 모두가 함께 노력해야 함을 강조한다.

나는 행복한 공학자

이동녕 지음 | 값 20,000원

『나는 행복한 공학자』는 평생을 한눈 한 번 팔지 않고 연구에만 매진하여 많은 학문적 성과를 얻어냄은 물론 걸음마 수준에 불과했던 한국의 재료공학 기술을 한 단계 끌어올리는 데에 일조한 서울대학교 재료공학과 이동녕 명예교수가 걸어온 인생 여정을 담고 있다. "촌놈은 촌놈 방식대로 살아간다."라는 그의 소박한 인생철학은 시련 속에서도 자신의 꿈을 잃지 않는 모든 사람들에게 희망을 불어넣어줄 것이다.

마음아, 이제 놓아줄게

이경희 지음 | 값 15,000원

책 『마음아, 이제 놓아줄게』는 갤러리 램번트가 주최한 '마음, 놓아주다' 전시 공모에서 당선된 스물일곱 예술가들의 치유 기록을 엮어낸 책이다. 여기에는 작품을 통해 상처를 예술로 승화시킨 이들의 진솔한 이야기가 담겨 있다. 화가 개개인의 작품 소개와 함께 작가의 생각, 또 저자 본인의 이야기를 덧붙여 상처를 치유하는 하나의 과정 속으로 독자를 천천히 안내한다. 그 길을 따라 걷다 보면 우리는 힘겹게 붙잡고 있던 마음을 놓아주며 상처를 치유할 수 있게 된다.

하루 5분 나를 바꾸는 긍정훈련

행복에너지

'긍정훈련' 당신의 삶을 행복으로 인도할 최고의, 최후의 '멘토'

'행복에너지
권선복 대표이사'가 전하는
행복과 긍정의 에너지,
그 삶의 이야기!

인터파크
자기계발 분야 주간
베스트 1위

권선복 지음 | 15,000원

권선복

도서출판 행복에너지 대표
영상고등학교 운영위원장
대통령직속 지역발전위원회
문화복지 전문위원
새마을문고 서울시 강서구 회장
전) 팔팔컴퓨터 전산학원장
전) 강서구의회(도시건설위원장)
아주대학교 공공정책대학원 졸업
충남 논산 출생

책 『하루 5분, 나를 바꾸는 긍정훈련 - 행복에너지』는 '긍정훈련' 과정을 통해 삶을 업그레이드하고 행복을 찾아 나설 것을 독자에게 독려한다.

긍정훈련 과정은 [예행연습] [워밍업] [실전] [강화] [숨고르기] [마무리] 등 총 6단계로 나뉘어 각 단계별 사례를 바탕으로 독자 스스로가 느끼고 배운 것을 직접 실천할 수 있게 하는 데 그 목적을 두고 있다.

그동안 우리가 숱하게 '긍정하는 방법'에 대해 배워왔으면서도 정작 삶에 적용시키지 못했던 것은, 머리로만 이해하고 실천으로는 옮기지 않았기 때문이다. 이제 삶을 행복하고 아름답게 가꿀 긍정과의 여정, 그 시작을 책과 함께해 보자.

『하루 5분, 나를 바꾸는 긍정훈련 - 행복에너지』